数学家的故事

贾立芳◎编著

图书在版编目（CIP）数据

数学家的故事 / 贾立芳编著. — 北京 : 文化发展出版社，2019.12

ISBN 978-7-5142-2928-8

Ⅰ. ①数… Ⅱ. ①贾… Ⅲ. ①数学家－生平事迹－世界 Ⅳ. ①K816.11

中国版本图书馆CIP数据核字（2020）第015857号

数学家的故事

编　　著：贾立芳

责任编辑：侯　铮

产品经理：杨郭君

监　　制：白　丁

出版发行：文化发展出版社有限公司（北京市翠微路2号）

网　　址：www.wenhuafazhan.com

经　　销：各地新华书店

印　　刷：嘉业印刷（天津）有限公司

开　　本：700mm×980mm　1/16

字　　数：175千字

印　　张：16

版　　次：2020年6月第1版

印　　次：2021年11月第2次印刷

I S B N：978-7-5142-2928-8

定　　价：39.80元

本书若有质量问题，请拨打联系电话：010-82069336

目录

第三章 中国古代数学发展史上的大师

第四章 告别黑暗，带领数学走出低谷的天才

第六章 从19世纪走向20世纪的那些与众不同的天才

第七章　近现代中国顶级的数学家

前言

数学属于形式科学的一种，它主要是通过抽象化和逻辑化的方式来研究数量、结构、变化、空间以及信息概念的学科。数学出现的时间很早，严格来说，当人们有意区分数量时，数学就产生了，就像原始人通过结绳记事的方法来记录生活，这就是对数学的运用。而在古希腊文化中，数学被当作学问的基础，意义重大。中国古代也将数学当成重要科目之一。

尽管很多时候数学的重要性会被人们忽略，但是它在日常生活和工作中的应用非常广泛，日常的贸易离不开数学计算，公司的财务管理工作离不开数学知识，建筑工程以及测量工作离不开数学，计算机以及信息工程离不开数学，医学中也会运用到很多数学知识。可以说，数学影响了人类生活的方方面面，如果没有数学的存在，那么人类社会就会彻底陷入瘫痪状态。

而数学的发展往往离不开数学家，从某种意义上来说，正是因为大批数学家前赴后继的探索和研究，才能够将数学推向一个又一个高峰，才能够在今天形成一套完整的数学体系，并且将数学熟练应用到社会各行各业当中。而在数学发展史上，诞生了一大批非常优秀甚至伟大的数学家，他们在数学发展的过程中起到了至关重要的作用，了解这些数学家的生平事迹和相关历史，就可以勾勒出一个大致的数学发展脉络，也能够理解数学在发展过程中出现的各种变化。

本书选取了几十位古今中外优秀的数学家，他们都是数学史上起到重要作用的名人，都在各自的领域内为数学做出了重大的贡献，可以说是各自所处时代的佼佼者。这些数学家当中的很多名字可能都为人所知，但是他们具体做了什么，为数学做出了多大的贡献，在整个数学史上究竟处于什么样的地位，许多人对于这些并不了解，不清楚这些数学家之间存在的继承、发展、对立、合作等关系。本书主要描述和记录了他们的生平和功绩，还特意交代了一些数学重大事件发生与数学发展的时代背景，以及数学家在这种背景下所扮演的角色、所从事的工作，从而给读者呈现一个个完整的、丰富的人物形象，帮助读者更好地消化这些知识。

由于本书主要针对中学生读者，所以适当降低了阅读难度，文字比较通俗和生动，整体的时间脉络非常清晰，并且尽量添加了一些生动有趣的故事来增强可读性，从而更好地帮助中学生了解数学的发展历程，了解数学家的事迹、思想和贡献，并给学生带来更多的启发。

需要注意的是，在介绍数学家的时候，为了更加详细地描述他们的生平以及成就，经常会使用到一些数学术语，甚至是一些高深的数学知识，这是不可避免的。对于读者来说，只需要将其当成一个概念来处理即可，没有必要去深挖这些知识点，以免造成阅读和理解上的困难。此外，书中介绍的数学家虽然很多，但是考虑到古往今来还有很多优秀的数学家，由于篇幅问题以及史料问题，不便于全部描述出来，还有一些伟大的数学家可能会被遗漏，一些数学家的相关资料可能存在出入和差错，在这里作者非常欢迎读者积极指出并给予必要的更正。

Chapter 1

第一章

雅典的数学天才，开创古希腊数学的起点

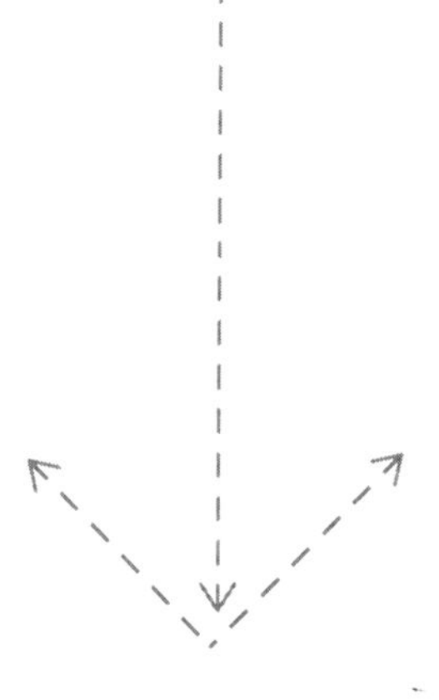

古希腊数学之父泰勒斯：从命题的证明开始

众所周知，古希腊拥有灿烂辉煌的文化，而这得益于它的地理优势。古希腊地理上靠近海洋，整个希腊城邦多是一些小岛，整体的发展空间受到严重限制，因此海上扩张成为一种先天需求，人们更加希望靠近大海去挖掘生存空间，这种生存空间的挖掘带来了很多思想上的拓展，因此古希腊人大多拥有自由奔放、富于想象力、充满原始欲望、崇尚智慧和力量的民族性格，这些都是典型的海洋文明的特征。当然，古希腊人也有非常理性的一面，其中最重要的一个表现就是数学的发展。

在古希腊，数学并不能算是一个明确的科目，它在很多时候和哲学、天文学之类的知识密不可分，并且都受到宗教的束缚，不过很多数学家已经开始想办法运用数学知识来寻找科学真理。当时有一位出色的哲学家泰勒斯，他早年经商，去过古巴比伦和古埃及等文明起源之地，生意做得风生水起。当然作为一个不那么纯粹的商人，他还干起了一些副业，哲学、天文学、地理学也顺带研究了一下，还专门对数学问题做了深入研究，而这些知识是他在古埃及和古巴比伦经商时带回来的。

《伊索寓言》中有这样一个故事：有个商人用一头毛驴来运盐，但是有一次，毛驴过河时摔了一跤，背上的盐很快溶化了。毛驴很快发现了这一点，为了让自己的旅程更加轻松，它每次驮着盐袋过河的时候都会故意摔一跤，将身子浸在水里，然后盐很快就会流失，接着它就可以轻装上路了。商人对此非常苦恼，为了让毛驴改掉这个小毛病，于是直接将盐袋换成了棉花，结果毛驴在水里摔跤后，棉花吸入大量的水，毛驴一路上都承受着很重的棉花，叫苦不迭，此后再也不敢故意在水里摔跤了。

这个寓言中的商人其实正是泰勒斯，从这个故事里可以看出他有多么聪明，而作为一位出色的商人，首先必须拥有的就是计算能力，毕竟没有数学基础，他就无法获得更多的盈利。当然，如果仅仅将数学用来算钱，那真的是大材小用了，历史赋予了泰勒斯更多的责任，所以他在经商之余做了几件大事。第一件事就是利用日影及比例关系算出了金字塔的高度。在测量金字塔的高度时，他站在阳光中，让人不断测量自己的影子，等到太阳光线和自己的身体呈 45° 时，刚好测量到影子和身高同等长度，此时他立即让人测量金字塔投下的影子（影子的长度与金字塔高度同等），最终测量出了金字塔准确的高度。

当然，他在数学方面最大的贡献在于对命题进行证明，借助一些公理或者已经确立的学说来论证命题，而这得益于他出色的逻辑推理能力，他将逻辑证明能力引入数学研究当中，用于揭示各定理之间的关系。在数学史上，有很多重要的理论和观点都是经验主义的结晶，它们需要从数学实践中得到验证。现在的考试中也有很多几何以及代数上的论题都存在一些证明的题目，这些证明方式就是从泰勒斯开始的，他非常擅长做这些工作，并且乐此不疲。比如在数学当中有一个著名的“泰勒斯定理”：直径所对的圆周角是直角。泰勒斯之后进行了逆向的推理，这个结论同样成立。

在他看来，这种证明其实就是对世界本质的一种挖掘，是对世界运作规律的了解，是从经验主义上升到理论知识的重要里程碑。这在当时被宗教包围的大环境下非常可贵，泰勒斯突破了鬼神传说的影响，希望依靠数学原理建立起科学的权威。作为一个数学家，出生于伊奥尼亚的泰勒斯创立了伊奥尼亚学派，而这一学派几乎构建起了古希腊数学最初的体系，也为几何学的发展奠定了基础，并且直接影响了后来的毕达哥拉斯学派。

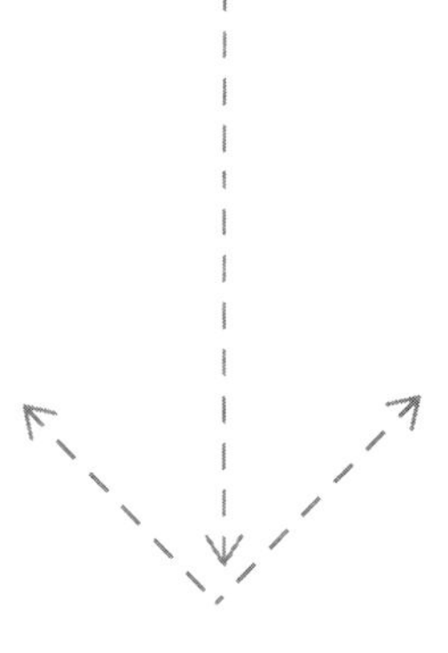

提倡人人学习几何学的毕达哥拉斯

许多学生都非常不喜欢几何，每次考试的时候，几何都会是多数学生最大的障碍，很显然，对于他们来说，学习几何学需要非常强大的空间感。在每次考试的时候，失分最严重的可能就是几何题目，不过需要注意的是，几何学早在几千年前，就已经被古希腊人掌握得非常娴熟了，他们设计好了各种几何图形以及相关的概念，这些设计看起来简单、优雅、精确，非常具有美感，体现了古希腊人独特的审美观念。

比如，如果让我们来定义“线”这个概念，该如何给出一个合理的定义呢？也许多数人想到的是马路、是电线、是河道，或者是一根面条。很显然，我们都知道线是什么东西，或者说能够了解它在生活中的具体形态。但是究竟什么才叫作线，也许多数人都回答不上来。希腊人在这一方面早就有了深入研究，他们给出的解释是这样的：由一个点任意移动构成的图形，没有长度和宽度。这样的答案无疑精准地概括了线的重要特征。

而在描述“圆”的概念时，希腊人同样表现出了强大的空间逻辑思维——这个图形当中有个中心点，从这个固定点连接到这个图形的所有直线都是等距。很明显的是，在那个时代，希腊人研究出来的几何理论就是数学界的标准，它们支撑起了大半个数学体系，并且影响至今。

而在古希腊诸多数学家当中，毕达哥拉斯绝对是一个天才，他曾经师从泰勒斯，对几何学知识非常感兴趣。据传，毕达哥拉斯一直提倡几何学的大众化和生活化，他甚至认为每一个人都应该学习一点几何学知识。有一次，他看到一个穷人非常喜欢学习，于是就鼓励对方学习几何学知识，并且承诺只要对方学会了一个几何定理，那么毕达哥拉斯就会给予对方 3 块银币。试想一下，如果学校的老师和家长也以这样的方式鼓励孩子，那么恐怕多数孩子的成绩都会突飞猛进，每个人都会变成热爱学习的好学生。

当然，毕达哥拉斯似乎更加聪明一些，他利用这种方式吊起了对方的胃口，结果这个穷学生很快产生了兴趣，他甚至央求毕达哥拉斯能够教授更多几何学知识，并且提出了一个建议：如果老师愿意多教一个定理，他就给老师 1 块银币。就这样，毕达哥拉斯不仅不用继续掏钱鼓励对方学习，还很快将那些用于鼓励对方的钱全部收回来了。

毕达哥拉斯在几何学方面的造诣很高，其中勾股定理就是他的杰作。如今的中学课本中，学生都要学习勾三股四弦五的定理，这就是著名的勾股定理。其实，勾股定理在古代中国和古巴比伦文化中都曾提及，中国古代数学家商高就说出了“勾广三，股修四，经隅五”的数学观点。

不过，毕达哥拉斯的成就在于对这个定理进行了验证，和老师泰勒斯一样，他对于证明命题有着强烈的兴趣，并且通过计算得出了一个结论：直角三角形斜边平方等于两直角边平方之和。在证明勾股定理之后，毕达哥拉斯非常高兴，还特意杀了一百头牛祭祀缪斯女神。

由于对几何学的重视，毕达哥拉斯引领了一个学派——毕达哥拉斯学派，这个学派推动了证明的发展，并且用演绎证明的方式取代了用直接测量的方式来定义几何概念的方法，这是数学发展史上非常重要的进步。不仅如此，毕达哥拉斯及其门徒还对黄金分割做了研究，还证明了正多面体的 5 种形态。除了几何学之外，他们将数的概念提升到了非常突出的地位，在他们的数学世界里，数几乎可以用来解释一切，成了宇宙万物的本源。他们对于数的看重使得算术慢慢发展起来，并在实用中渐渐变成可能。

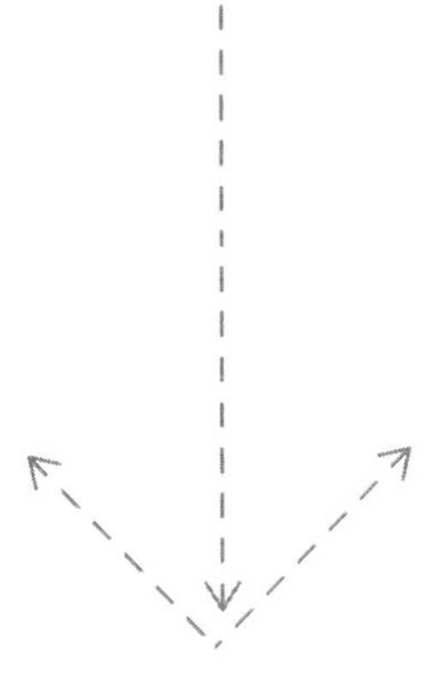

引发第一次数学危机的希帕索斯

在雅典数学体系中，毕达哥拉斯学派是一支力量很强大的队伍，他们在古希腊数学的发展史上占据重要地位，而且整个学派中诞生了很多不朽的数学家，希帕索斯就是其中的一位。作为毕达哥拉斯的得意门生，他天资聪颖，善于思考，原本是光大这一学派的理想人物，但问题在于希帕索斯太聪明，也太善于思考了，而这给他带来了厄运。

在毕达哥拉斯学派中，数被认为是最神秘、最崇高的东西，他们认为数代表了万事万物，简单来说，世间万物都可以用整数或者整数之比（分数）来表达。诸如树上有五个苹果，人有五根手指，牛羊有四肢，或者说三个人分两斤大米，每个人可以分到 2/3 斤大米。毕达哥拉斯本人还以一根固定长度的琴弦为基础，以 3:2 或者 4:3 的比值制作其他琴弦。总的来说，这一学派的数学家们认为整数或者整数之比可以描述万事万物，并且对此表现得有些过度崇拜了。

如果直接从生活中进行验证，似乎这样的观点是无懈可击的，但问题在于当这个观点和毕达哥拉斯学派心心念念的几何学结合在一起时，就出现了一个漏洞，这个漏洞就是希帕索斯无意中发现的。希帕索斯是他的老师毕达哥拉斯的忠实拥趸，他认为老师所说的一切都是正确的，而为了证明这些话的正确性，他愿意亲自进行验证，也正因如此，他找了很多办法进行验证，可是这种探索精神和强烈的忠诚却留下了隐患。他在研究正方形的时候，发现对角线的长度无法用整数或者整数比来描述，比如在一个边长为 1 的正方形当中，正方形的对角线长度应该是 $\sqrt{2}$。就这样，一个巨大的数学危机开始酝酿，这就是数学历史上的第一次危机。

无论如何，希帕索斯从最初的兴奋变得惶恐，他不敢承认老师的学术产生了错误，可 $\sqrt{2}$ 却又是实实在在存在的，惶惑不安的他没有对外宣称，而是直接将自己的发现告诉了老师，让对方来定夺。当毕达哥拉斯以及整个学派都在坚持整数和整数之比的荣耀时，却被这个出色的内部弟子直接打脸，这显然会动摇整个学派的数学根基和利益，毕竟要是被大家知道学派一直宣扬的数的至高无上的地位遭到威胁，整个学派的社会公信力以及影响力都会下降。所以毕达哥拉斯下了一个封口令：谁也不准泄露 $\sqrt{2}$ 这个无理数的秘密。对于希帕索斯或者内部的其他人来说，制定这样的规定并不奇怪，要知道毕达哥拉斯还对门徒提出了其他一些更加怪异的要求，比如不能吃豆子，不能触碰白色的公鸡，不能捡起掉在地上的东西，不能在有光亮的地方照镜子。毕达哥拉斯对于自己的数学研究以及思想地位非常看重，他的拥趸也是如此，整个学派实际上更像是一个宗教团体。

只不过这一次面对整个学派所划定的数学禁区，作为一个有良心且有进步思想的数学家，希帕索斯并没有像遵守其他规定那样对根号问题进行屈服和妥协，充满好奇的他继续对这个问题进行研究，并且有一次还非常真诚地同朋友谈论了自己的发现，他表示自己对内部的规定和保守感到不可理解。但是当他在对外传达自己的疑惑时，已经彻底触怒了毕达哥拉斯以及他领导下的学派。据说毕达哥拉斯下令门徒抓捕希帕索斯，而希帕索斯听到风声后连夜乘船逃亡，可还是不幸被追上，大家将破坏规矩和违反规则的“叛徒”希帕索斯直接扔到地中海里淹死了。

这个数学危机在此后的很长一段时间里一直存在，由于毕达哥拉斯学派的势力很大，根本没有人敢于继续研究无理数，也没有人敢质疑毕达哥拉斯的数学权威。但危机既然已经产生，就迟早会有爆发的一天，而数学的前进步伐终究也是无法阻挡的。

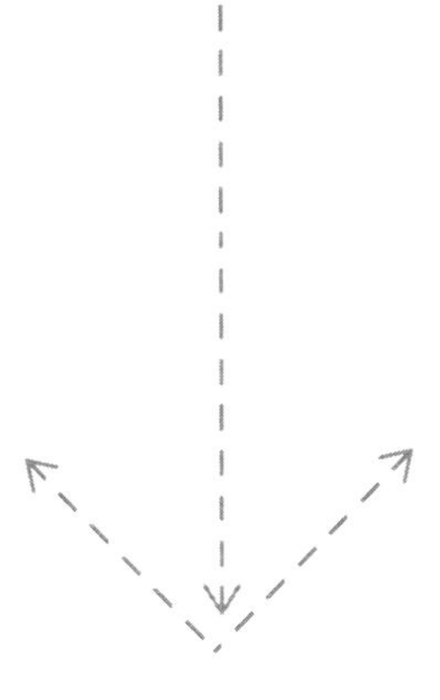

被当成诡辩的骗子的大数学家芝诺

有一个人准备从 A 点走到 B 点，那么他可以先走完 1/2 的路程，然后再走另外 1/2 的路程，而在走另外 1/2 的路程时，他可以继续把这些剩余路程划分成两段，即先走完其中的 1/2，再走剩下的 1/2。如此循环地切分下去，这个人会发现自己永远都有走不完的 1/2。

阿喀琉斯是古希腊神话中最善于跑步的人，假设他和一只乌龟赛跑，并且速度是乌龟的 10 倍，而且乌龟在他前面 100 米处开始跑，那么他能够追上这只乌龟吗？人们对此可以进行分析和计算：当阿喀琉斯追到乌龟的起点时，他跑了 100 米，而乌龟此时已经向前跑了 10 米，所以阿喀琉斯还需要继续往前追，当他追了 10 米时，乌龟又往前跑了 1 米。阿喀琉斯接下来需要往前追 1 米，可乌龟又爬了 0.1 米。如此追下去，阿喀琉斯只会越来越接近乌龟，但是却永远追不上乌龟。

上面是古希腊著名数学家芝诺（约前 490—前 425）提出来的两

个重要悖论，这两个悖论的关键在于，从现实的角度出发，这个人是可以从 A 点走到 B 点的，而阿喀琉斯也能够轻易追赶并超过乌龟，但是从运动的角度分析，结果却又截然相反，因此芝诺的两个故事成了典型的悖论。其实芝诺从“多”和“运动”这两个概念出发，一共推导出了 40 个不同的悖论，现存的悖论至少还有 8 个。

不幸的是，这些悖论在很长一段时间内得不到人们的认同，亚里士多德抨击和批评这些悖论是诡辩的技巧，而从亚里士多德的歪曲描述开始，人们就一直认定芝诺是一个诡辩家和骗子，大家并不觉得芝诺有多么厉害，他的学说有多么令人振奋，那些不过是一些小把戏而已，根本上不了台面。数学家罗素曾经不无感慨地说道：“在这个变化无常的世界上，没有什么比死后的声誉更变化无常了。”而芝诺就是其中最典型的人物之一。

一直到 19 世纪下半叶，学者们才开始重视芝诺的理论，并且重新开始研究他。经过分析之后，他们意识到在芝诺以后的 2 000 多年时间里，他根本没有获得过正确的、完整的报道，事实上芝诺悖论中的问题并不是简单地否认运动，它们具有更深的内涵，比如在运动中对于时间系统的构建，芝诺悖论的重点在于他将时间轴当成了无限的时间点，而不是一个连续的时间概念，这样一来时间就被限制住了，而在无数个被限制的时间段中，人们似乎永远无法走到终点，乌龟也永远走在阿喀琉斯的前面。总的来说，芝诺悖论将动和静、无限和有限、连续和离散之间的关系呈现在大家面前了。

从今天的观点来看，芝诺悖论几乎引领了整个数学一半历史的发展。芝诺悖论中涉及的连续性、无限大、无限小的概念在数学领域拥有广阔的发展空间，微积分、量子学说都可以从中找到影子。

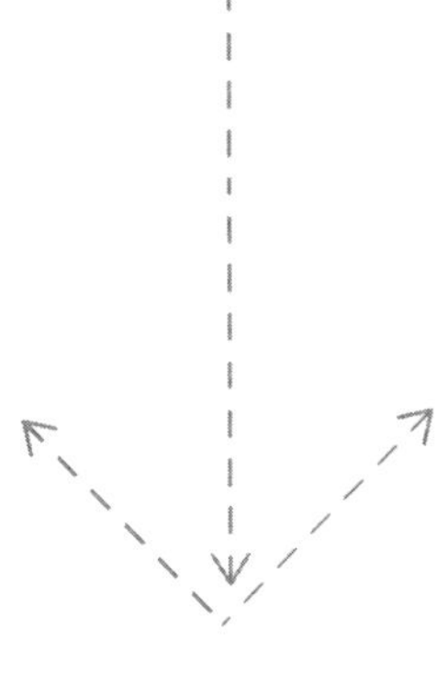

把培养数学家当成己任的导师柏拉图

世界上有很多出色的数学家，他们在各自擅长的数学领域开辟了新的思路，打造了新的辉煌，这些数学家能够运用自己所学的知识在数学领域不断探索和挖掘，推动数学的发展和进步。他们往往都是比较纯粹的研究者和学者，能够拿出有说服力的成绩，并以此来确定自己的声望以及在数学历史上的地位。但是还有另外一种数学家，他们不仅能够自己搞研究，在数学领域有所建树，还可以培养和带动更多优秀的数学家。著名的哲学家和数学家柏拉图无疑就是其中的佼佼者。

尽管提到柏拉图的时候，很多人的第一印象就是他在哲学方面的造诣，他和自己的老师苏格拉底以及自己的学生亚里士多德，并称为“希腊三贤”。这个才华满腹的人善于讲学，拥有过人的口才，他被希腊人当成太阳神阿波罗之子。不仅如此，希腊人还到处宣扬柏拉图在婴儿时期就有蜜蜂停在他的嘴唇上，因此长大后拥有如此杰出的口才。

事实上，古希腊哲学和数学联系密切，而柏拉图的哲学观更是一种数学哲学观，可以说他也算是一位数学家，比如他曾经提出了几何原子的学说。在他看来，整个世界的本原和两种直角三角形有关，一种是正方形的一半，另一种是等边三角形的一半，而这两种三角形是最完美的，它们可以无限分割下去，并且得到同样形状的三角形。从理论上来说，这个观点是正确的，当然没有人能够真正无止境地分割这些三角形。他还抽空研究了正多面体的分类工作，认为世界上只有五种正多面体：正四面体、正六面体、正八面体、正十二面体、正二十面体，从而推动了人们对正多面体的了解。不过，柏拉图的分类更像是对宇宙万物的解读，比如正四面体对应的是火，正六面体代表了土，正八面体是气的一种表现，正十二面体则和水相呼应，正二十面体则是宇宙。

他将几何图形与自己的哲学观念巧妙地联系在了一起，既推动了自身哲学思想的完善和传播，也间接推动了几何学的发展和传播，更何况柏拉图对于数学尤其是几何学的热爱一直都非常强烈。为了推广几何学以及自己的其他思想，他直接创办了柏拉图学园，哲学虽然是最主要的学科，但是天文学和数学也占有很大的比重。学园门口当时留有这样一句话：“不懂几何学的人，请勿进入大门。”由此可见，柏拉图对于几何的看重，而这个学园在900年的历史当中，培养了一大批杰出的数学家。比如公元前4世纪，当时希腊那些优秀的数学家不是柏拉图的朋友就是柏拉图的学生，像欧多克索斯、泰特托斯和门奈赫莫斯都是其中的佼佼者，大数学家欧几里得也在这个学园里攻读过数学。

平心而论，柏拉图在数学领域的研究和造诣并不是世界级别的，和那些顶级的数学家相比，柏拉图的研究缺乏一些说服力，但是他创办的这个学园却为他赢得了“数学家缔造者”的美誉。可以说，围绕在柏拉图身边的数学家几乎影响了整个西方数学史的发展进程，而围绕他所形成的柏拉图学派更是成为数学历史上重要的学术力量。

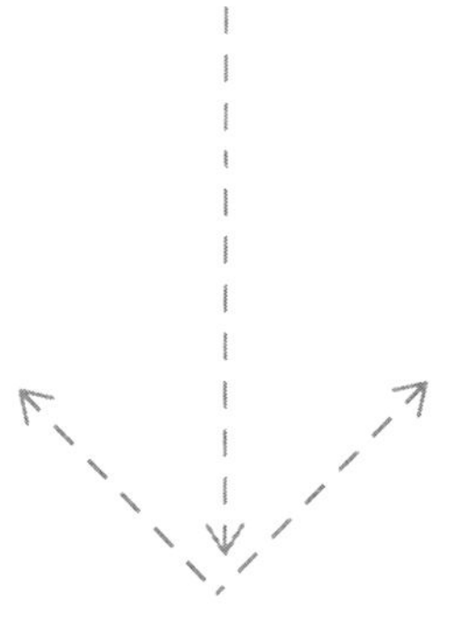

发现黄金比例的数学家欧多克斯

在 13 世纪，意大利的著名数学家斐波那契就在《算盘书》中介绍了一个中国数学问题：兔子问题。假设一对兔子每个月可以生一对小兔子，而小兔子出生之后的第二个月就能生出新的兔子，这样一来，一开始是一对兔子，一个月以后变成了 2 对，两个月之后变成了 3 对，三个月之后变成了 5 对……以此计算，每个月的兔子数量应该是：1，3，5，8，13，21，34……144，233，377……这样一组数列就是典型的黄金分割问题。

而黄金分割比例问题最早是古希腊数学家欧多克斯发现并提出来的，欧多克斯是柏拉图的学生，曾经进入柏拉图学园学习两年。都说名师出高徒，柏拉图名满天下，欧多克斯自然也差不到哪儿去，他在天文学和数学方面都取得了不小的造诣。比如在数学领域，他最喜欢研究各种各样的比例问题，并且在研究之后提出了一个大胆的设想：能否将一条线段分成两个不相等的线段，使得较长的线段是原线段和较短线段长度的比例中项。就是在这个设想的基础上，他率先提出了“中外比”的概念，这就是日后著名的黄金分割理论。

古希腊人有着出色的审美观念，他们痴迷于研究几何图形，比如毕达哥拉斯学派就非常喜欢研究五角星，还将五角星当成徽章，而五角星的作图中就包含了中外比或者说黄金分割，正五边形、正十边形也是如此。但是欧多克斯是第一个提出这一概念的人，而它成了比例理论发展的基石。

到了文艺复兴时期，人们在研究古希腊数学时，发现欧多克斯早就对中外比进行了透彻的研究，加上这种比例在很多自然图形中都存在，因此大家认为这是一个非常神圣的比例。就连达·芬奇这样的天才画家也认为中外比魅力四射，所以他在创作《蒙娜丽莎》的时候，就采用这一比例来设计这一人物。当然，直到德国数学家 M. 欧姆提出了“黄金分割”的名称，黄金比例的说法才流行开来。后来，数学家们经过计算，得出 0.618 就是黄金分割点所在的位置。

黄金分割在数学中是一个非常迷人的问题，它所指向的一些社会应用问题也同样非常有趣。黄金分割比例起源于古希腊人对美的理解，而这种美直到今天依然被人们推崇，比如很多人觉得黄金比例的身材是最好的，按照黄金比例建造的建筑也是最美观、最稳固的，其实这些都是无稽之谈，不过是今人牵强附会的一种解释。但是依照黄金比例，人们的确可以在生活和生产的实践中找到更为合理的配方。

依据这个发现，欧多克斯成了当时有名的数学家，而成名之后的欧多克斯也和老师柏拉图一样，承担起了传道、授业、解惑的重担，他在土耳其的西北岸建立了一所属于自己的学校。之后他很快又意识到雅典才是学风盛行之地，于是决定将学校搬到自己当年求学的地方。柏拉图对于学生的这种举动非常认同，并且亲自设宴款待。

欧多克斯是柏拉图学派中最出色的数学家之一，虽然他并没有实现柏拉图那种桃李满天下的理想，但是为古希腊文化的传播做出了重要贡献。

Chapter 2 第二章

亚历山大时期数学进化中的推动者

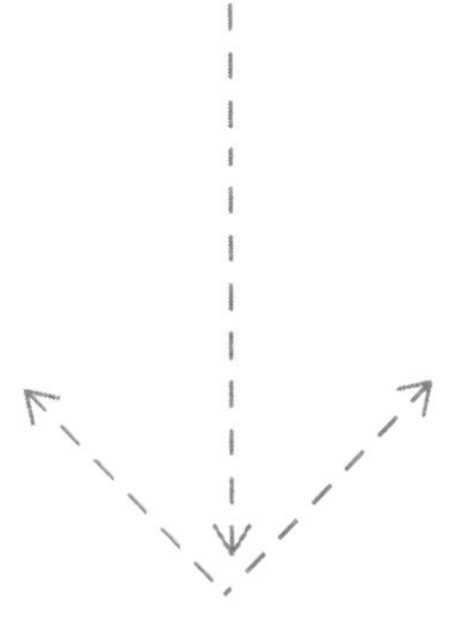

几何学的集大成者欧几里得

如果让多数人选择最难的科目，那么几何学绝对名列前茅，多数人的学生时代可能记忆最深刻的就是学习几何学。几何学往往需要严密的逻辑推理以及出色的空间感，而大部分学生在这方面刚好非常欠缺，因此几何通常会被当作数学中最费脑子的一个科目。

很多人都不喜欢几何学，但又不得不佩服那些发展和推广几何学的人，因为想要让这门复杂的学问为更多人了解和接受，的确不简单。尽管毕达哥拉斯学派一再强调，人人都应该学习几何学，但即便是雅典时期，多数普通人对于几何的发展也并不那么感兴趣。更重要的是，当时几何知识非常松散，很多人都提出了自己的观点和理论，但并没有将其综合起来分析，这也不利于几何学的推广。正因如此，必须有人站出来对前人的智慧进行总结，而这个人就是欧几里得。

作为古希腊文化的继承者，欧几里得非常喜欢几何学，他曾经和一群朋友前往柏拉图学园学习几何学，当时大家都对柏拉图写下的“不懂几何学的人，请勿进入大门”这句话感到疑惑和不满，正因为自己不懂才来求学，如果了解几何学，又怎么会来这儿学习呢？他们都在迟疑要不要进去，欧几里得并没有任何犹豫，果断地推开了进入学园的大门。很快，他就发现这里是一个全新的世界，这里有着世界上最浓厚的学习氛围，有着最好的老师和最好的数学家。

在柏拉图学园里，欧几里得极大地拓展了视野，但是他也发现了一个问题，那就是虽然几何学知识早在希腊人研究它以前就出现了，但始终不成体系，整体上呈现片段的、零碎的、缺乏联系的状态，很多公式和定理之间的证明缺乏严格的逻辑，往往会出现类似于毕达哥拉斯学派那样的数学危机。所以他对零散的、联系不紧密的几何学知识进行了整理和总结，然后运用公理化的方式打造了一个严密的初等几何知识体系。

而这也成了所有知识体系的典范，影响了之后差不多 2 000 年的发展。伟大的科学家爱因斯坦在拜读了欧几里得的大作之后，非常认真地说：“一个人当他最初接触欧几里得几何学时，如果不曾为它的明晰性和可靠性所感动，那么他是不会成为一个科学家的。”正因如此，这个集大成的人物被称为“几何之父”。

除了总结之外，欧几里得本身也是一个多产的数学大师，写了很多著名的数学著作，但是大部分已经失传了。目前留下来的五部著作分别是《几何原本》《已知数》《圆形的分割》《反射光学》《光学》。其中《几何原本》是最著名的一部，可以说是整个欧洲数学的基础，书中总结了平面几何的五个重要公设，因此被认为是最成功的教科书。据说亚历山大大帝南征北战期间，没有忘记知识的重要性，也没有忽略欧几里得这位大师，所以他让心腹大将成立了一所大学，而《几何原本》就是大学里的教科书。

亚历山大大帝见多识广，也希望多学习一点几何学知识，但他发现学习起来非常吃力，于是就请教欧几里得有什么速成的方法。欧几里得严肃地说："抱歉，陛下，学习数学和学习一切科学一样，是没有什么捷径可以走的。学习数学，人人都得独立思考，就像种庄稼一样，国王和老百姓是一样的。"

除了奠定了几何学基础之外，欧几里得所使用的公理化的方法，也构建了一个严密的初等几何学知识体系，从某种意义上来说，欧几里得才是几何学的奠基人，他对于几何的总结、发展和推广起到了重要作用，是几何学发展史上最重要的数学家之一。

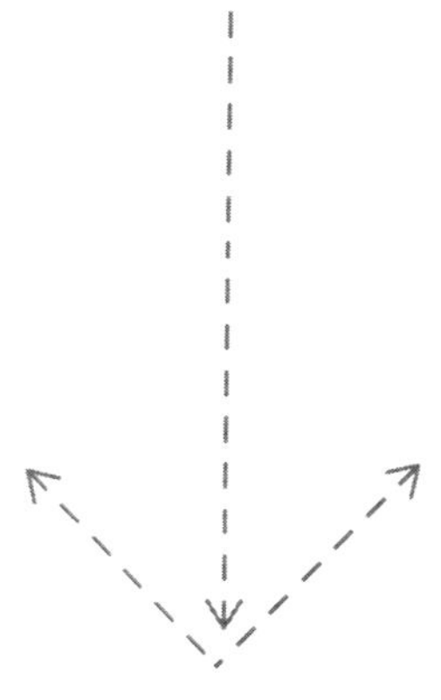

保家卫国的“数学之神”阿基米德

阿基米德是古希腊最伟大的物理学家、哲学家和数学家之一，许多中学生在接触物理学的时候，都学习过阿基米德定律，讲述的是浮力的问题，还知道他在解释杠杆原理时所说的那一句名言：“给我一个支点，我就能够撬动整个地球。”作为古希腊的一个全才，阿基米德曾依靠镜子反射光线的原理烧毁了敌人的战舰。可以说他在物理学方面的造诣超出了同一时代的人。不仅如此，他还对数学颇有研究。

比如，很多人都听说过这样一个故事：有一天，阿基米德和国王在棋盘上打赌，要求国王以棋盘为容器，在棋盘第一格放一粒米，第二格放二粒，第三格放四粒，第四格放八粒……国王只要按照这个方法放满整个棋盘就行。在国王看来，一个棋盘并没有多少格子，放几粒米根本不是难事，就答应了这个赌注。可是在尝试之后吓出了一身冷汗，因为即便穷尽整个国库的粮食，也填不满棋盘上的 64 个格子。

其实，这是一道数学运算题，答案为 $1+2+2^2+2^3+2^4+2^5+\cdots+2^{63}$，虽然一开始并不起眼，可是随着次方数越来越大，数字也越来越惊人。数字通常都是简单的、可见的，但是在结合了数学的魔力之后，它们就会迸发出强大的力量，而阿基米德就是利用了数学上的一些规律赢了国王。除了运算之外，阿基米德还发现了抛物线、弓形螺线，圆形面积、椭球体、抛物面体的表面积和体积计算方法，其中对于球体面积、体积的计算直接奠定了他在数学上的地位，他也因此被称为“数学之神”。

在这些几何学问题上，阿基米德的成就有目共睹。他原本有机会在数学的道路上走得更远，但战争摧毁了一切，为了对抗罗马人的侵略，阿基米德顽强地和祖国人民站在一起抵抗，并且运用自己的知识做出了重要的贡献。但是当罗马帝国崛起的时候，古希腊的荣耀和辉煌已经不再，即便如此，阿基米德仍旧愿意挺身而出，和侵略者斗争到底。

据说，当罗马人进攻叙拉古时，罗马统帅曾经下令不要杀掉阿基米德这样的伟人，但是士兵们忘了这个规定，当士兵冲进阿基米德的实验室时，他正在画一些图形。士兵的脚步声惊扰了阿基米德，他大声呵斥：“喂，你弄坏了我的图画，赶快跑开些！”士兵被激怒了，直接举起战刀砍死了他。在这一刻，数学的进化戛然而止。这不仅仅是一位数学家的死亡，而且更像是古典数学向现代数学进化的止步。近年来，很多学者认为，阿基米德提出来的很多数学知识更加接近于笛卡儿和牛顿在 17 世纪开创的现代数学时代，他关于求积的数学研究隐约孕育着积分思想，这一方向完全不同于欧几里得、柏拉图和亚里士多德，但后人因为专注于发展欧几里得等人的数学而忽略了阿基米德开创的数学时代，并导致微积分的出现晚了 2 000 年。在物理学方面，情况同样如此。

如果阿基米德没有那么早死去，也许他会在数学领域引领一个完全不同的发展方向，也许现代数学的发展脚步会大大提前，但无论如何历史已经发生了，已经没有任何人可以做出改变。后来人们为了纪念这位杰出的人物，为了纪念他发现球的体积和表面积均为外切圆柱体积和表面积的 2/3，便直接在他的墓碑上刻上球内切于圆柱的图形。

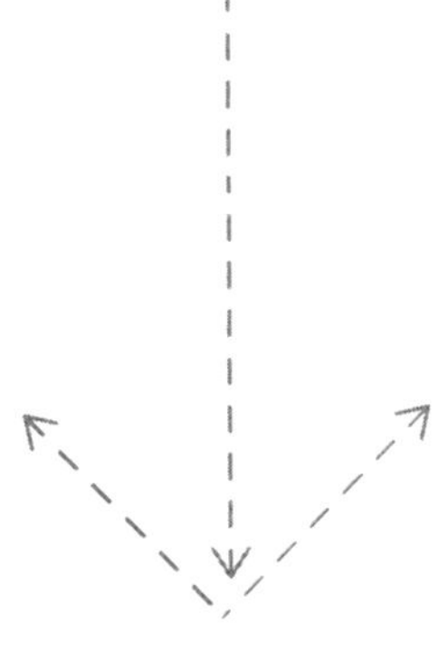

阿波罗尼奥斯与《圆锥曲线论》

众所周知，地球围绕着太阳做椭圆运动，月球也是绕着地球做椭圆运动，但是在很长一段时间内，人们并没有认识到这一点，在他们看来天体的运动轨道应该是圆形的。可是开普勒和牛顿这两位物理学家却发现实际并不是那么回事，包括地球、月球之内的天体的运行轨道并不是绝对的圆，它们按照某种特定曲线运行，比如椭圆形。其实，椭圆在这之前并没有在实践中得到应用，但开普勒和牛顿为了弄清楚天体运行的秘密，运用了很多几何学知识都没能获得自己想要的答案，这个时候他们发现，古希腊数学家阿波罗尼奥斯的研究成果已经为他们的研究提供了最佳的工具。

阿波罗尼奥斯是欧几里得的学生，据说还得到过阿基米德的指导，并且在亚历山大著名的缪斯姆大学里接受过高等教育。作为欧几里得的学生，他自然会追随老师的脚步研习几何学，不仅如此，他还对圆锥体产生了兴趣，并且发现通过特定角度对圆锥体进行切割，就可以产生一些特殊的曲线，这就是著名的圆锥曲线，这些是欧几里得也未曾注意的几何内容。

他后来创作了一本《圆锥曲线论》，将自己的研究成果和前人的研究成果进行整理，整本书分为 8 册，只不过其中一册如今已经遗失了。在留存于世的 7 册当中，前面 4 册大部分都是老师欧几里得总结出来的几何学基本性质，只有少量是他自己的研究结果，而后面 3 册则是他的天才之作。可以说他把前人得到的圆锥曲线知识系统化，为几何学的发展做出了重要贡献。也正是这本书奠定了阿波罗尼奥斯的数学地位，很多人都将他称为继欧几里得之后最出色的几何学大师。

不过可惜的是，当时他的研究并没有获得太大的重视，因为大家认为无论是椭圆、抛物线还是双曲线，都是一些数学中的巧妙玩意儿，在现实生活中似乎无用武之地。在当时的环境下，人们的认知非常有限，他们实在想不出来有什么东西是需要通过这些曲线来描述的，以至于大家并没有觉得这个发现和研究有多么出色。

因为时代的局限，阿波罗尼奥斯的研究一直无法运用到实践当中去，直到 1 800 年后，到了开普勒和牛顿这两位物理学家这儿，情况才有了转机。无论如何，阿波罗尼奥斯的圆锥曲线一下子打开了天文学和物理学研究的一扇大门，为后人的研究提供了强大的助力，这个时候，大家才意识到阿波罗尼奥斯圆锥曲线的重要性，而他的理论和研究成果在生活中的应用也越来越广泛，为几何学的现实运用提供了新的方向。

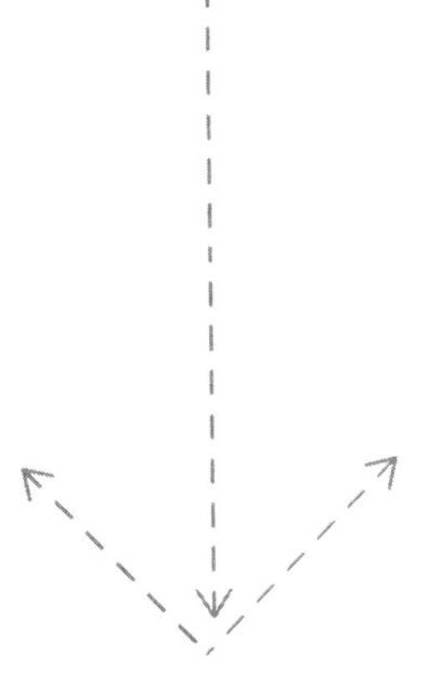

测量地球的天才埃拉托色尼

地球的周长究竟有多少？人们可以测量出地球的周长吗？这个问题如果放在今天，答案不难得出，借助现代科学仪器，人们在测量地球周长时并不需要花费太多的精力，类似于谷歌地球软件还可以轻松获得一个精确的数据。不过放在2 000多年以前，人们是否可以轻松测量出地球的周长？要知道那个时候，很多人还存在地球是不是“方”的想法，人们也没有能力绕着整个地球测量一遍。

但是古希腊有一个天才人物埃拉托色尼，有一天心血来潮想要给地球量一量“身体”长度，于是就动手去做这件事情了，为此，他还专门写了一本《对地球大小的修正》，用以描述和记录他的测量成果和测量方法。也许很多人会觉得这个人一定是个骗子、一个幻想家，想想那个年代的科技条件，估计等他绕着地球走一圈之后，也差不多老了，更别说他根本不可能跨越大洋绕地球走一圈。但是只要看看这本书中记载的方法，就知道他没有撒谎，而且不得不为他出色的能力感到惊叹。

首先，埃拉托色尼做出了一个大胆的科学假设，那就是地球是一个球形的星体，这个设想在当时绝对很疯狂，没人知道他为什么会做出这样的设想。其次，他提出了另一个观点，所有的太阳光线照射地球时都是平行的，这样的观点在当时也非常重要，具有突破性。最后，埃拉托色尼意识到太阳直射点（阳光垂直照射地面的位置）每年都在某一个固定区域做周期性移动，从现代地理学的角度来解释，这个区域其实就是南、北回归线之间的地方。

为了弄清楚这个区域，他经过很长时间的观察和记录，准确找到了刚好位于北回归线上的埃及塞恩纳（今天埃及南部的一个城市，位于尼罗河东岸的古城阿斯旺），正是这座城市每年到了夏至正午时分，阳光都会垂直照射地面。埃拉托色尼注意到在这一时刻，阳光下所有物体的影子都缩成一个点。

当时他在塞恩纳附近的尼罗河的一个江心岛上找到一口干涸的枯井，等到每年夏至日下午时，阳光正好垂直照射到井底。紧接着，埃拉托色尼来到距离塞恩纳 5 000 希腊里（1 希腊里约为 157.5 米）的亚历山大城（这个城市不在北回归线上），找到了一个高塔，并且测出了塔高和影子的长度，从而测量出塔和太阳光射线之间的角度。他很快推理出一个结论：塔的影子是由亚历山大城的阳光与塔形成的夹角所造成的。

为了获得这个夹角的度数，埃拉托色尼利用了数学家泰勒斯的数学定律：一条射线穿过两条平行线时，它们的对角相等。按照这个定理，他从假想的地心向塞恩纳城和亚历山大城引两条直线，然后用一条穿过的射线进行计算，最终测算出亚历山大城的阳光与塔形成的夹角为7°12′，这样的角度相当于圆周角360° 的1/50。按照这样的分析，从塞恩纳到亚历山大城的距离基本上也相当于地球周长的1/50。按照之前5 000希腊里的距离，埃拉托色尼推断地球的长度约为252 000希腊里，差不多为39 360千米。而当前，科学家测量得出的地球周长是40 076千米，可以说埃拉托色尼的测量结果误差非常小。

埃拉托色尼后来又重点研究和测量了赤道的长度、回归线与极圈的距离、极地带的范围、白昼长度随纬度和季节的变化、日地月之间的距离、太阳和月亮的大小等。这些都是他运用数学得出来的结论，而无论哪一项成就，都代表了当时数学成就的最高水准。

其实，只要了解埃拉托色尼的生平事迹，就会知道他是一个博学多才的人，物理、数学、地理、历史、诗歌、哲学、语言学几乎无不涉猎，并且颇有建树。他曾经是亚历山大图书馆的馆长，要知道亚历山大图书馆代表了古代西方世界科学和知识的最高峰，而馆长之职也是当时希腊学术界最有权威的职位。

虽然埃拉托色尼最出色的领域在于地理学，他是第一个将地理当作一门学科的人，被称为“地理学之父”，但是他的很多成就都是建立在对数学的深入探究、理解和运用的基础上的，如果没有数学，他可能就会止步于一些发现和推测之中，而无法获得更大的进步。

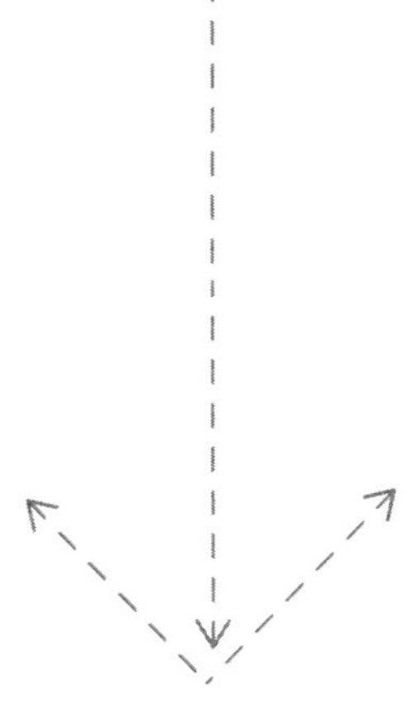

《量度论》的作者海伦

海伦是古希腊数学家，是当时非常重要的几何学家和机械学家，但是由于当时的社会并不重视数学研究，也不重视数学家，他几乎被遗忘在历史当中，以至于他的很多作品遗失了，而有一些作品虽然标注着他的名字，但是却不清楚是不是他本人创作的。更重要的是，连他的生卒年月也不清楚，目前还出现了多个不同的版本，而这些对他的作品以及定位都会有一定的影响。

依靠着不完善的资料，目前知道他似乎曾在亚历山大教授数学和物理学课程，而且写过不少著作，其中最重要的一部就是《量度论》，该书主要讲述了平面图形的面积、立体图形的体积以及将图形分成比例等几何问题。书中记录了正三角形、正方形、正五边形、正六边形，一直到正十二边形的面积计算方法，还给出了长方台的体积公式以及求立方根的近似公式。而书中最著名的公式就是海伦公式，这是三角形中已知三边长来求解三角形面积的一个公式。

在相关数学问题的推导和论证过程中，海伦在论证中大胆使用了某些经验性的近似公式，这些计算方式来源于古埃及，而这样一来，算出来的结果可能会与最终测量结果存在一定的误差。他这样做，目的可能和他非常注重数学的实际应用有关。那个时候他主张将数学运用到测量工作当中，而这些测量工作并不要求得到一个非常精确的数字，测量员、泥水匠、木匠以及其他技术人员在求取面积或者体积时只要一个近似值即可，而不是运用纯几何学来进行精确计算，何况精确计算面积或者体积可能会运用到平方根和立方根，这是测量人员无法做到的。因此海伦认为，只要给出一个近似公式，就可以帮助测量人员化繁为简，完成基本的测量工作。

无论如何，海伦巧妙地将数学知识与测量结合在一起，并且将古埃及的测量方法发扬光大，这种方式影响了之后的数百年，许多数学家和测量人员都采取他的方式进行测量，通过求取近似值来完成测量工作。

除此之外，海伦还是一个发明家。为了方便进行实地测量，他发明了很多精巧的器械，比如世界上第一个简易蒸汽机、简易自动售货机、简易灭火机，还有水钟和风琴等诸多发明，可以说海伦是古希腊非常有名的发明家，这些发明甚至比他在数学以及测量方面的理论成就更加重要。

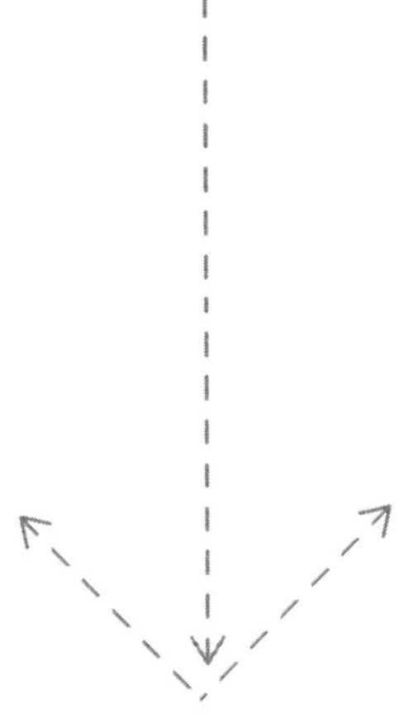

利用数学推动天文学的托勒密

在古希腊的数学体系中，数学大多数时候属于理论数学，数学中的各种理论基本上停留在设想和推理阶段，很少有人能够真正将其应用到现实生活当中，所以当时的数学虽然发展得很迅速，但是却缺乏有效的实践和运用，以至于数学在很长一段时间内都处于一种相对尴尬的境地。

托勒密是古希腊第一位应用数学家，将数学应用到天文学和地理学当中，这一算就一发不可收了，他最终得出结论：地球处于宇宙的中心位置。这个结论很惊人，但在当时似乎非常合理，人们需要这样一个观点来定义地球的与众不同。

之后他提出了“地心说”，按照他的说法，地球就是整个宇宙的中心，包括太阳、月亮、星辰在内的所有天体都围绕着地球转动，而地球则保持静止。有人曾质疑，为什么太阳在动，地球就不会动呢？托勒密的理由很简单：如果地球自身也在不停转动，那么整个大气层就会被吹走，而小鸟和云都将会往西方移动，地球最终会将身上的树木、山丘、河流全部甩掉。这个学说表明托勒密当时已经注意到了行星运动的一些情况，并且也意识到地球和其他星体之间存在的一些关系。不过囿于并不完善的数学计算方法和观测方法，这种天体运作模型显然有很大的局限性，并且误导了人类很长一段时间。有关地心说的说法，托勒密本人也持有保留意见，他声称这只是一个计算天体位置的数学方案，而不是完整真实的物理体系。

托勒密一生致力于研究天体运动，还运用几何学知识打造了一个宇宙模型。此外，他还计算了日食、月食的时间，计算了地球和月球之间的距离。可以说，数学知识到了他这儿，几乎成了非常高效的计算工具。尽管地心说是错误的，但托勒密将数学运用到天文学和地理学的计算当中，有效推动了应用数学的发展，使得数学得以和现实生活形成更为紧密的衔接，这也为数学的进一步发展提供了帮助。

在天文学领域，托勒密的研究犯了很大的错误，但在数学领域，他还是取得了很大的成就，比如著名的托勒密定理就是他提出来的："任何圆内接四边形所形成的长方形等于两对边所形成的长方形的和。"或者说"圆内接四边形中，两对角线的乘积等于两组对边乘积之和"。这个定理实际上显示出了托勒密对于三角学的开创性研究，而他提出来的弦表就是最早的三角函数表。

托勒密是一个数学家和天文学家，人们对其评价褒贬不一。一方面，他的很多研究具有明显的时代局限性，并且对后来的科学发展造成了很大的阻力；另一方面，他将数学尤其是几何学知识应用到实践当中，为数学的应用提供了更多的方向，可以说在数学史上扮演着一个非常重要的角色。

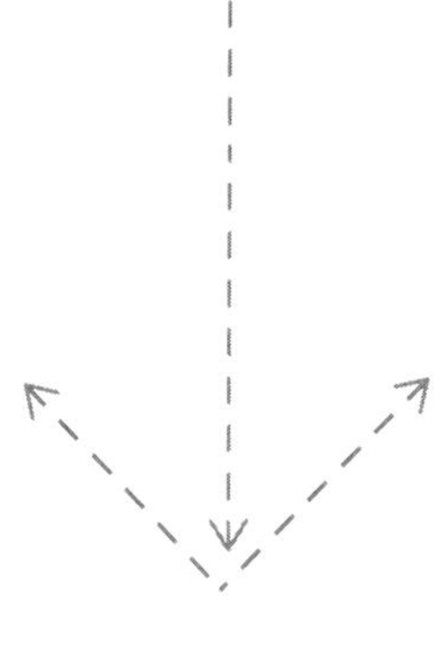

符号代数的先驱丢番图

“坟中安葬着丢番图，多么令人惊讶，它忠实地记录了所经历的道路。上帝给予的童年占六分之一，又过了十二分之一，两颊长胡子，再过七分之一，点燃起结婚的蜡烛。五年之后天赐贵子，可怜迟到的宁馨儿，享年仅及其父之半，便进入冰冷的墓。悲伤只有用数论的研究去弥补，又过四年，他也走完了人生的旅途。”

这是大数学家丢番图的墓志铭。和其他墓志铭不同的是，丢番图的墓志铭上写着一道看起来非常复杂的数学题，与那些称颂赞扬墓主人一生的文字相比，以这样的数学题来代替，显然更能够衬托出墓主人丢番图的成就。

丢番图的相关资料并不是很多，大家熟知的还是他编订的那 13 卷《算术》，此书堪称当时的代数教科书。据说此书最初是献给一位基督教的主教的，用作基督教学校的教科书。书中提到的算术和今天的加减乘除不一样，算术指的是数的理论，而加减乘除是指计算的技巧，因此丢番图在书中所讲的就是数论，主要讨论一次方程、二次方程、三次方程，以及大量的不定方程，其中的很多不定方程理论对后世产生了深远的影响。

书里面包含了代数符号、数论、代数方程解法等重要内容，可以说是一本代数书。在初中数学当中，我们知道一点，代数的一个重要特点就是引入了一个未知数，比如借助 x 或者 y 这样的代数符号，通过问题的相关条件列出包含未知数的方程，并顺利解答这个未知数是什么。而这一切都是丢番图的杰作，他在代数中引入了未知数以及未知数的符号，并且创建了建立方程的思想，这些都成了代数发展的基石，只不过当时的代数并没有专门的名称。

《算术》具有典型的东方色彩，若不是丢番图这个名字，恐怕很多人都会怀疑这不是古希腊人的著作。此外，古希腊人一直都尊崇几何学，尤其是毕达哥拉斯学派的兴起，将几何学推到了前所未有的高度上，他们认为任何一个数学命题只有经过集合论证才是可靠的，认为几何就代表了数学，他们也习惯了几何学的演绎推理。很多代数问题，甚至是简单的一次方程求解都纳入几何论证的僵化模式当中。而丢番图另辟蹊径，将代数从几何学的桎梏中解救出来，他发现通过假设一个未知数，利用方程来倒推求解的方法无疑比几何的演绎陈述更高效，而且代数符号的引入使一些重复运算和复杂运算得到了简化。

当然，由于代数整体上受到了压制，加上相关的运算还不完善，丢番图的代数方程式只引入一个未知数，在解决一些复杂的方程时往往存在很大的弊端，但是这种高度的巧思和创新在整个希腊数学中都是独树一帜的，所以这本书堪称划时代的著作，其在数学历史上的影响力可以和欧几里得的《几何原本》一较高下。可惜的是，丢番图的成果在当时并没有引起足够的重视，他的数学理论已经超出了当时人们的认知范围，因此很快被湮没在其他数学家的声名当中。直到 15 世纪，《算术》才被重新发掘，一大批数学家依靠着丢番图的成果将代数逐渐发扬光大。而 17 世纪的大数学家费马更是依靠《算术》中的理论知识，推出了费马大定理，直接将数论引上了近代代数的轨道。

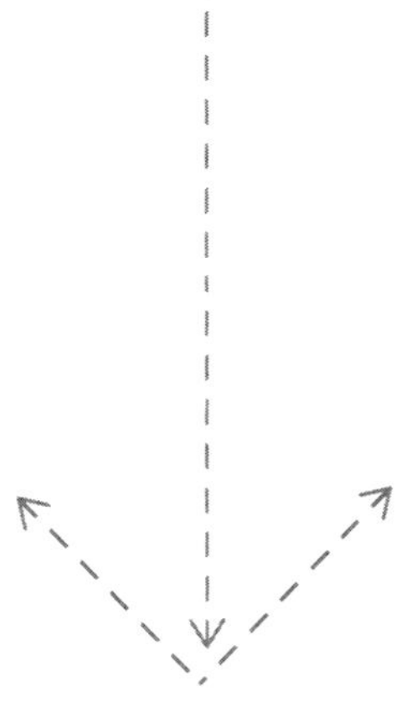

古希腊数学的总结者帕波斯

古希腊那些巨匠开辟了辉煌的数学领域，但是希腊数学并没有能够发扬光大，可以说在丢番图之后，希腊数学开始走向没落，尤其是在罗马人占领亚历山大之后，学者们的研究已经缺乏先辈们那种一往无前的气势了，创新能力的匮乏使得希腊数学变得举步维艰。为了让希腊数学丰富的知识传播下去，如何对前人的智慧和成果进行总结就成为摆在数学家面前的一个重要任务，而这项任务最终由帕波斯来完成。

帕波斯有很多著作，其中《分析荟萃》收录了欧几里得、阿波罗尼奥斯等著名希腊数学家的研究成果，可惜这本书已经遗失了，而唯一流传下来且最具价值的就是《数学汇编》这本册子。他在这部作品中将希腊古典时期到亚历山大时期的优秀数学著作进行总结和整理了，在整理的过程中，他加入了自己的阐释和评注，并将相关内容的历史发展过程以及原始材料写上去。整个册子分为 8 篇，几乎涵盖了古希腊几何学的全部领域，像毕达哥拉斯定理、欧几里得定理以及阿波罗尼奥斯的圆锥曲线在册子中都有描述，每一篇都有系统的序言，指出相关的课题内容和范畴，而且在面对特定的问题时，帕波斯能够给出不同的证明。

许多人对于帕波斯的历史定位存有疑义，认为他并没有什么重要的数学定理或者研究成果面世，不足以和那些伟大的数学家相提并论，但事实上，帕波斯的研究和整理工作为希腊数学的保存做出了重要的贡献。在当时的环境下，数学研究成果已经失去了创造力，而前人的研究成果随着时间的推移也渐渐被人们遗忘，有很多重要的数学知识几乎面临失传的危险，如果没有人对这些松散的数学知识进行整理和总结，恐怕用不了多久，大量数学知识将会彻底消失。而帕波斯拯救了这一切，他的《数学汇编》成了古希腊数学的安魂曲，很多宝贵的资料都是通过这本册子得以保存下来的，如果没有他的整理工作，那么希腊数学的辉煌将会大打折扣。

帕波斯本人也是一个非常聪明的数学家，尽管收集、整理和总结工作浪费了他大量的时间与精力，但他并没有千篇一律地将前人的智慧抄写下来，而是对前人的工作和研究成果进行独到的分析，并随时提出自己的见解，一些知识内容的修正、补充、评论和引申工作都是他自己完成的，其中很多具有很高的学术价值。

不仅如此，帕波斯对于数学也有自己的研究成果。在数学中有一个著名的古尔丁定理，其实这个定理最早是帕波斯提出来的，他认为“封闭的平面图形围绕同一平面内且不与之交的轴回转，所产生的体积等于这图形面积乘以图形重心所描画出的圆周的长”。他还进一步做出了推断：“可以将封闭平面图形改成一段平面曲线，它回转所产生的曲面面积等于曲线的长乘以其重心所画过的圆周的长。”当然帕波斯并没有给出证明，但是古尔丁同样没能给出证明。

帕波斯对于希腊数学的贡献不可磨灭，甚至可以说对整个希腊文化的保存都做出了重大贡献。这位博学多才的数学家，一生中还涉足过地理、音乐、流体静力学等多个领域，对相关的知识和成果都做过总结和整理，他做出的贡献完全配得上他所获得的名声。

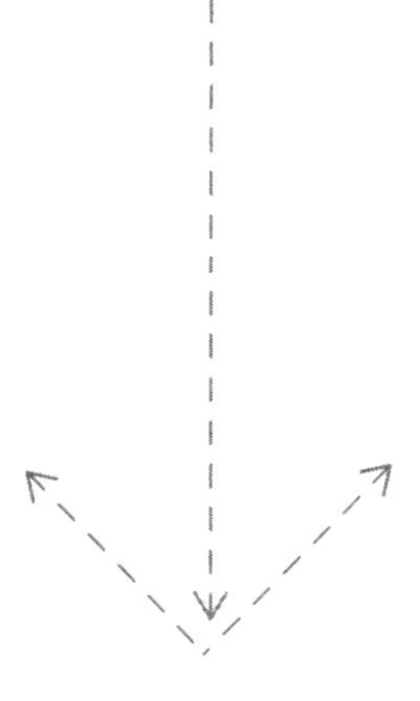

新柏拉图学派的领袖希帕蒂娅

在整个古希腊文化发展史上，男性扮演着重要的角色，尽管古希腊以宣扬民主著称于世，但是女性地位低下却是不争的事实。在这种局面下，人们会意识到女性想要在学术或者政治领域有所作为会显得非常困难，也正因如此，在希腊数学发展迅速的年代，女数学家却寥寥无几。

希帕蒂娅是一个颜值和智慧并存的女人，甚至被当成第一位女数学家。她早年曾游历南欧，见识很广，同时也对罗马统治下的上流社会表示不满。当时有很多贵族公子向她求婚，希帕蒂娅认为自己不应该将大好年华浪费在婚姻和爱情里，而应该埋头求学，丰富自己的知识。当时她对每一位上门求婚的人都说了这样一句话："我只愿嫁给一个人，他的名字叫真理。"

这样一个甘愿为真理而献身的女人，原本应该拥有一个大好的前程，但不幸的是，希帕蒂娅生活的环境已经完全无法和先辈们比较了，希腊数学已经日渐式微，在罗马皇帝的统治下，基督教开始大肆传播，此时的希腊数学和天文学、物理学一起被当成脏东西来对待。而在这样一个科学倒退的时代，和希帕蒂娅一样的数学家根本无法从事任何有效的研究。

即便如此，酷爱数学的希帕蒂娅还是对数学情有独钟。她一开始将目光集中在欧几里得的《几何原本》上，不过由于这本书的成书距离自己已经过去600多年了，在数次誊抄（当时还没有印刷术）中出现了不少错误，这给学习者带来了不少困难。为了尽量还原《几何原本》，她和父亲一起收集各个版本的书籍，然后相互对照，认真修订、加工，并且加入了不少评注，最终编订了一本全新的《几何原本》，而这本书一经面世就受到了大家的热捧。

接下来，她又独立为丢番图的《算术》作评注，给阿波罗尼奥斯的《圆锥曲线论》作评注，甚至对托勒密的《天文学大成》作评注，这些作品在当时引起了轰动，不少人都对这位漂亮的女数学家表达了尊重。

不仅如此，希帕蒂娅非常推崇柏拉图与普罗提纳斯，并且四处宣扬他们的学派理论。在当时的亚历山大城中，她经常在家中向听众讲授柏拉图学派与普罗提纳斯学派的哲学理念和数学知识，有人称其为新柏拉图主义，而希帕蒂娅就是这一组织的领导者。希帕蒂娅的研究工作与讲学工作很快引起了统治者的不满，尤其是大主教西瑞尔更是将她当成眼中钉，他认为希帕蒂娅倡导的“新柏拉图主义”相比于基督教来说就是邪教和邪说，他绝对不允许有新的学说和思想出现，更何况当时还有很多基督徒也受到了她的影响，对这位美貌如同女神雅典娜一样的女人非常痴迷，这是大主教绝对不能容忍的，因此他开始采取一系列邪恶的报复行动。

公元415年3月的某一天，希帕蒂娅和往常一样坐着马车去博物院讲学。当马车走到恺撒瑞姆教堂时，一伙暴徒奉大主教西瑞尔的命令将希帕蒂娅绑架，一伙人粗鲁地将她拖进教堂，然后没有经过任何宣判，没有给予任何辩解的机会，他们残忍地用刀直接砍掉她的手脚，然后将她扔到熊熊燃烧的火炉之中。这位出色的女数学家就这样香消玉殒，成了黑暗统治下的牺牲品。而在这之后，希腊数学迎来了历史上最黑暗的时期，希腊的创造力不复存在。

中国古代数学发展史上的大师

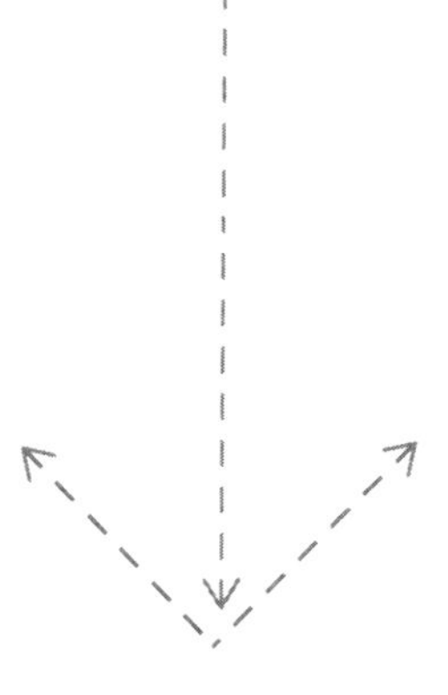

中国古代数学的论证大师赵爽

对于学习几何学的人来说，勾股定理是几何学中的一个基本口诀。勾股定理是中国古代人民的智慧结晶，但具体是谁创作的不得而知。同样地，古希腊人也很早就发现了这个定理，而毕达哥拉斯成了这个定理的论证者。而在古代中国，也有一个出色的论证者，他就是东汉末年的数学家赵爽。

赵爽最初主要研究天文学，他对天文学非常感兴趣，而很多天文学的计算内容需要运用到算术。当时他在研究《周髀算经》这本书时，发现了古代中国勾股算术的深奥原理，于是在对《周髀算经》作注时，写了一篇《勾股圆方图注》，他用五百多字对勾股定理进行描述，并做了精确的总结："勾股各自乘，并之，为弦实。开方除之，即弦。"简单来说就是勾股两条直线数值的平方之和就等于弦的平方。不仅如此，他还对这个定理给出了自己的证明，他创作了一幅弦图，通过图形割补后面积仍旧不变的理论来证明勾股定理。弦图不仅是当时世界上最具创造力的论证方式，还反映和代表了数学的简洁之美，以至于第24届国际数学家大会组委会直接将其选为大会的徽标。

根据这个勾股定理，赵爽接下来又推出了勾股形三边、三边之和与差之间关系的24个命题，这些主要都是依靠几何图形面积的换算方式来证明的。为了给出精确的算术证明，赵爽还第一次推导出了二次方程的求根公式，这在当时具有开创性的价值，可以说为后世的研究工作奠定了基础。

不仅如此，赵爽作为一个天文学家，对太阳离地面究竟有多高，太阳离地面究竟有多远，一直非常痴迷，虽然汉代人普遍使用重差方式，但从未有人给出证明。为了弄清楚这些天文学问题，他直接在《日高图注》中利用几何图形面积换算关系，给出了计算的证明。

运用几何图形的截、割、拼、补来证明代数之间的恒等关系，兼具严密性和直观性，这些研究表明古代中国的数学中已经出现了形数统一的思想，数量关系与空间形式形成了完美的融合。这一点在西方数学界无疑要晚了1 000多年，直到17世纪的笛卡儿才发明了与之类似的解析几何。

作为中国最早对数学定理和公式进行证明、推导的数学家之一，赵爽的很多工作都具有开创性，为中国数学尤其是几何学的发展做出了重要的贡献，他也成为当时世界上最出色的数学家之一。

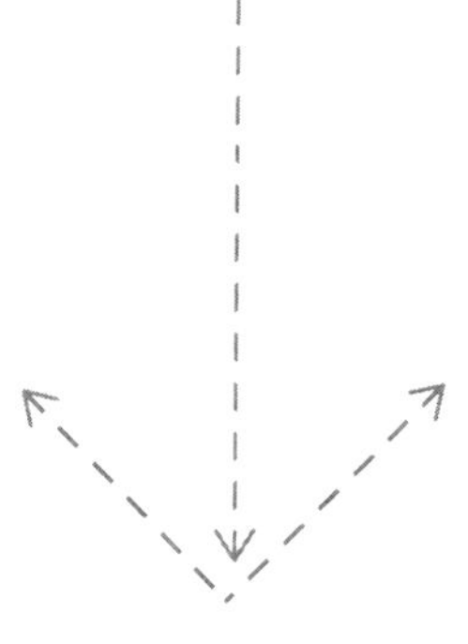

中国数学古典理论奠基人刘徽

中国古代的数学往往以集体智慧的方式存在，很多非常优秀的数学作品都是古人集体智慧的结晶，这也是为什么中国古代数学的起步很早，发展非常迅速，但是很少能找出优秀数学家的原因。到了汉朝末年和三国魏晋时期，一大批优秀的数学家开始涌现出来，而刘徽就是其中的佼佼者。

刘徽出生于魏晋时期，他一生都在刻苦钻研数学，并且取得了非常惊人的成就，其主要成就在于给《九章算术》作注，以及创作了《海岛算经》。《九章算术》是一本成书于东汉初年的数学作品，里面涉及解联立方程、分数四则运算、正负数运算、几何图形的体积面积计算等 246 个问题的解法，在当时属于非常先进的数学方法。但《九章算术》大都是一些原始的解法，并没有太多必要的证明，这就给大家的理解带来了困难，而刘徽的工作就是对这本书作注，给出自己的证明方法。

在书中，他为了解决开方不尽的难题，最早提出十进小数概念，用来表示无理数的立方根，还提出了正负数的概念及其加减运算法则，改进了线性方程组的解法，他直接将中国古代的代数学推向了一个新的台阶，而且这些代数领域内的成果在很长时间内都领先世界。

不仅如此，他在几何学方面的研究也非常深入，其中最著名的就是《海岛算经》中提到的割圆术，简单来说，就是将圆周尽可能内接或者外切正多边形，从正六边形，再到正十二边形、正二十四边形，再继续往下分割，割得越细，正多边形面积与圆的面积之差就越小，用来求取圆面积和圆周长。最终，刘徽依靠惊人的毅力和出色的切割计算能力，计算出了 3 072 边形的面积，并通过这一方式，推算出了圆周率 π 的数值为 3.1416，这样的数学成果直接将中国数学中的圆周率计算推向了世界最高峰。

总而言之，刘徽是中国古典数学理论的奠基人之一，他厘清了中国古代数学体系，并奠定了相关的理论基础，这一点在《九章算术注》中得到了集中体现。他是一位世界级别的数学大师，无论是求取面积、体积时的无线分割方法割圆术，还是勾股理论的图形论析和计算，以及重差术，或者是代数领域内的其他成果，几乎都代表了当时世界数学的最高水平。可以说，在公元 3 世纪的时候，刘徽就是当时最杰出的数学家之一，很多人甚至将其称为“中国数学史上的牛顿”，由此可见，他在中国数学界乃至世界数学界的崇高地位。

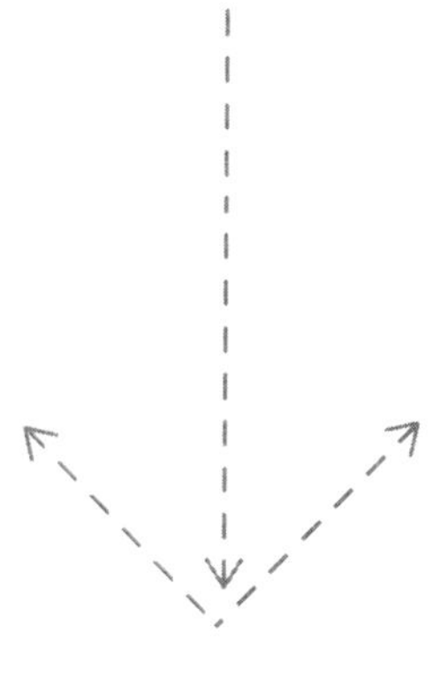

祖冲之：领先西方一千年的圆周率进化

古代中国的科技成就曾长期领先世界，数学也是如此，尽管在很长一段时间内它都不是以独立的形态存在，但古代中国数学的发展的确为世界数学做出了很大的贡献，也产生了一大批伟大的数学家。而在这些数学家当中，有一位一直都是中国人的骄傲，他就是圆周率的计算大师祖冲之。

祖冲之出生于科学世家，家族中世世代代都曾研究天文历法，祖父还曾担任过朝廷的大匠卿，负责建造工程，掌握了很多科学技术。因此祖冲之从小就受到了良好的熏陶和教育，他对于天文、制造以及数学产生了浓厚的兴趣，在音律和下棋方面也颇有造诣，可以说是一个博学多才之人。

由于祖冲之出身条件好，加上勤奋好学，能够从前人那儿吸收到有价值的知识，并且时常可以提出自己的看法，宋朝政府（魏晋南北朝时期的南朝就包含了宋、齐、梁、陈四个朝代）曾经安排他做了很多研究工作，还委任他担任过地方县令。虽然生活并不那么安定，但是他从来没有放弃过对科学的研究。

比如他曾创制了《大明历》，这是中国历法发展史上的一个重大进步，据说有关一年时间的误差和现代历法只有几十秒时间。他还设计了指南车、定时器、水碓磨等器械，而最大的成就还是在于数学。其中，有关圆周率数值的计算成了一个重要的研究课题。其实有关圆周率的计算很早就出现了，古巴比伦人认为圆周率的数值为 3.125，古埃及人则认为它等于 3.1605，古希腊数学家阿基米德得出来的结论是 223/71。而中国在周朝时期，圆周率就已经出现了，当时人们认为圆周长和直径的比为 3:1（据说《圣经 · 旧约》中的圆周率也等于 3）。而随着西汉的刘歆、东汉的张衡等人的计算，这个数值不断精确，到了刘徽那里，已经计算到小数点后面第 4 位。祖冲之在研究《九章算术》的时候，对很多数学家的成果进行了分析，发现在诸多数学家当中，成就最大的是刘徽，但是刘徽所给出的圆周率数据并不精确，所以他自己动手开始计算，直接将圆周率 π 的数值精确到 3.1415926 到 3.1415927 之间。

如今，依靠着超级计算机，科学家已经将圆周率算到了小数点后数十万亿位，并且几乎每隔几年时间，这个数据还会大幅增加，至于小数点后面的数字能不能算完，没有人能够知道。但是在当时的科技条件下，将圆周率精确到小数点后第 7 位是非常了不起的一项成就，很多数学家穷其一生也没有能够给出一个准确的数据。他当时经过烦琐而复杂的切割，以及无数次的平方和开方计算，算到了圆内接正 24 576 边形，才得出了这样的结论，这是中国极限数学的经典之作，毕竟很少有人能够耗费如此多的时间和精力来计算正多边形。这项成就后来还被收录入吉尼斯世界纪录大全之中，而且这样的纪录到了15世纪才被阿拉伯数学家卡西打破，但他已经落后祖冲之一千多年的时间。

南朝时期，社会总体上比较安定，农业、手工业发展迅速，经济水平的大幅提高也带动了科学文化的繁荣，这一时期也成了科学家的井喷期，而祖冲之就是其中最杰出的一位，他的出现让中国在圆周率的计算上遥遥领先世界。为了纪念这位世界级别的数学家，月球上的一个环形山就是以“祖冲之”的名字命名的。

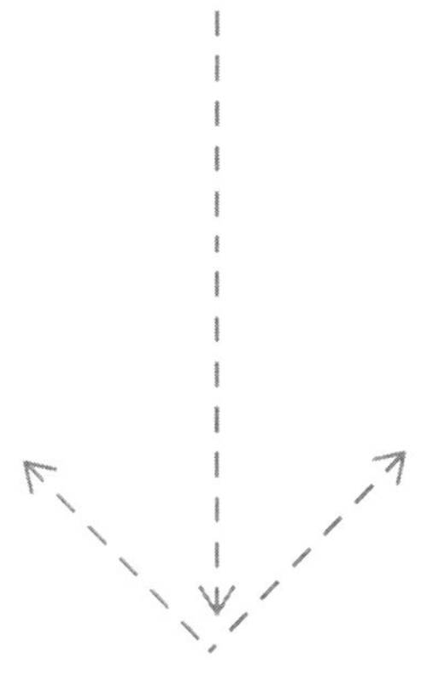

中国最早期的土木工程算术大师王孝通

在古代，房屋建设（尤其是宫殿建设）和粮仓储备是非常重要的工程项目，而在面对这些土木工程建设项目时，不仅需要大量的劳动力、资金、工具，还需要丰富的土木工程建设知识。比如应该挖多少立方的土，每日每人至少要挖多少立方的土，在一些不规则的项目，应该如何计算最终的体积，一些需要填土的工程又该如何计算填土的立方数。如果没有人对这些有一个精确的计算，那么就会给这些工作造成很大的困扰，而且容易造成劳动力和资金的浪费。正因如此，古代经常会有一些负责土木工程的官员或者科学家，他们的职责就是精准计算工程项目的工程量。而在中国古代，比较有名的一位土木工程算术大师就是著名的数学家王孝通。

王孝通是初唐时期一个算历博士，主要的工作就是修改历法。这与一些数学前辈有些相似，在古代中国，数学往往和天文学有着密切的关联，很多优秀的数学家同时也是出色的天文学家，对于历法的研究很深入。王孝通也是如此，他对于数学非常感兴趣，并且还创作了著名的数学作品《缉古算经》。

这本书共收录了20道题，这些题目涉及很多数学问题。比如第一题主要讲的是月球与太阳的相对位置，这里讲述了比例知识；第二、三、四、五、六、八题，重点讲述的是土木建筑和水利工程当中的填土和挖土计算问题，两方面均涉及三次方程问题；第七、九、十、十一、十二、十三、十四题又切换到了粮食储备建仓以及挖地窖的内容，这些仍旧涉及高次方程问题；第十五、十六、十七、十八、十九、二十题则谈论了解直角三角形的相关问题，是对赵爽勾股问题的补充和发展。

可以说在《缉古算经》中，王孝通将代数和几何知识巧妙地运用到了现实生活的生产当中，尤其是将其运用到土木工程的算术当中，可以说是一位将数学和生产实践紧密结合在一起的数学家。在唐代，中国的经济发展到了一个新的水平，各种基础建设开始兴盛，而这就需要借助很多土木工程的相关知识。王孝通的《缉古算经》中包含了丰富的代数和几何算术知识，可以指引国家的土木工程建设，确保相关的土木工程项目能够获得更为科学有效的实施。

《缉古算经》中的很多理论具有很强的现实指导意义，而且一些数学理论和数学计算方法更是领先世界，比如他对于三次方程的描述是中国最早的，他也是世界上最早提出三次方程以及给出相关解法的数学家。这样的成就使得中国数学在唐代初期就被拔高到一个更高的水平上，并对后世数学的发展产生了很大的影响。

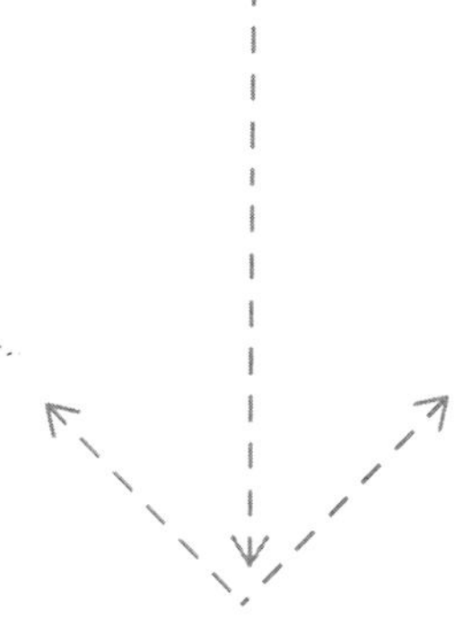

李淳风：一个精于风水的数学家

提起李淳风，很多人的第一印象肯定是他和袁天罡所创作的《推背图》，这本书曾被当成中国最准确的预言类书籍，是中国古代最神秘、最玄妙的书籍之一。李淳风从小就被誉为“神童”，天资聪颖，博览群书，父亲李播对道家的老子非常推崇，还在天文学方面有一定的造诣，这些都对李淳风的成长产生了很大的影响，所以他 9 岁入道观学习，17 岁成为李世民（后来的唐太宗）反隋起义的谋士，20 岁就负责修订唐初制定的历法《戊寅元历》，26 岁在太史局任职。作为一个著名的道家学者，他对于天文、地理、历算、阴阳知识非常精通，因此也被人当成一位风水大师，他还是世界上第一个给风定级数的人。

这位风水大师对于数学有很深入的研究，当时他负责编订和注释了十部《算经》，以用作唐代国子监算术馆的数学教材，包括《周髀算经》《九章算术》《海岛算经》《孙子算经》《夏侯阳算经》

《张丘建算经》《缀术》《五曹算经》《五经算术》《缉古算经》。这些算经实际上也是唐代以前的主要数学作品，是唐代之前中国古代数学的精华所在。

李淳风在修订这些《算经》时，对其中的很多知识点进行了注释，而《周髀算经》是他花费心血比较多的一部作品，因为在分析之后，他认为这本书有很多缺陷，而前人的注文有很多不合理之处，所以他自己动手作注修订。

比如，他发现《周髀算经》中的作者经常谈论的南北相隔一千里的两地，午时所测量的八尺高标杆的影子只相差一寸，这明显不符合现实。他还发现赵爽利用等差级数插值法推算二十四节气的方法也和现实的测量结果有误差。他还纠正了后人对赵爽勾股圆方图说的种种误解。还有一点，李淳风认为《周髀算经》中的日高公式与“盖天说”也不合理，因为不同地点的高度不同，一些斜面上的测量结果更不一样。因此他将相关的问题转化到平面上一般的日高公式来处理问题，还首次提出了一般相似问题，这是对刘徽重差理论的发展。在其他的《算经》上，李淳风也进行了详细、合理的解释，确保初学者可以更好地理解《算经》内的数学内容。其中有一个功绩非常重要，那就是他在给《九章算术》作注的时候，引用了祖冲之父子《缀术》中对球体体积的研究内容，确保这样的伟大数学成果得以流传下来。

李淳风整理的这十部《算经》之后几乎成了各朝各代的数学教材，对唐代以后的数学发展产生了巨大的影响，宋朝和元朝是公认的中国数学发展高峰期，而十部《算经》则为宋元时期的数学发展创造了有利的条件。后世对于李淳风的整理和注释工作非常重视，也给予了很高的评价，英国著名学者李约瑟甚至认为李淳风是整个中国历史上最伟大的数学注释家。

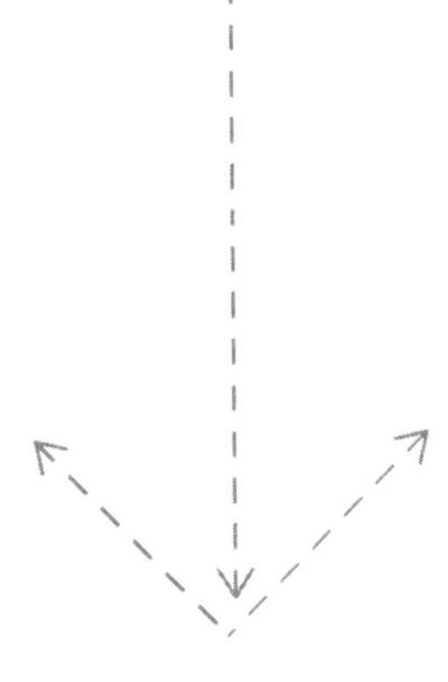

贾宪与增乘开方法

在中国古代，数学并不是非常受重视的一门学科，尤其是到了科举制度盛行之后，数学更是经常被忽略，也正因如此，很多数学家在古代并没有太高的社会地位，他们的作品也容易被人忽略，这就导致一大批数学家在生前一直默默无闻，并且他们的研究成果也遗失了。其中北宋时期的数学家贾宪就是一个比较典型的代表。

贾宪在成名前，师从当时有名的数学家楚衍学习天文和历算。楚衍是当时天文历法领域的翘楚，能够拜在他的门下，自然需要很高的资质，而贾宪自幼就非常聪慧，在老师的教导下更是有所作为，成为当时的名人。他曾经著有《黄帝九章算经细草》和《算法古集》两本书，可惜原作已经遗失，而其内容被后世数学家抄录。

贾宪的主要贡献在于发现了“贾宪三角”和增乘开方法。贾宪三角的“二项展开系数表”与增乘开方原理联系紧密，主要用于高次幂问题的解答，这两个重要的发现几乎引领了宋元时期的数学发展高峰，很多人认为宋元时期的数学发展水平是中国古代数学的巅峰，而拉开这个巅峰序幕的就是贾宪。

中国古代数学对高次幂问题的解法很早就开始了，但是在贾宪之前，这一类方法非常复杂，容易弄乱，而贾宪则使用自己的方式进行了优化和改进，确保解题时更加简洁、高效。如今，中学数学中的混合除法其实和增乘开方法原理相似。

尽管现今关于贾宪的相关资料非常少，但是通过仅存的一些资料以及后人的记录，还是可以发现贾宪在中国古代数学发展中起到的作用，尤其是他在算法的抽象化、程序化和机械化方面做出了重要贡献。比如在解决勾股问题时，贾宪使用了抽象分析的方法来解题，“勾股生变十三图”就是一个非常抽象的描述。在解决开方问题时，则形成了一个固定的程序和模式，就像背公式一样，学习者可以轻松套用这个程序来给出求解的答案。这些方法影响了宋元时期的数学名家，他们都从贾宪的数学理论和数学方法中获益匪浅。从这个角度来说，贾宪不仅仅是拉开宋元时期数学发展序幕的人，更是一个开拓性的数学家，如果没有贾宪的铺垫，宋元时期的数学将会黯然失色。

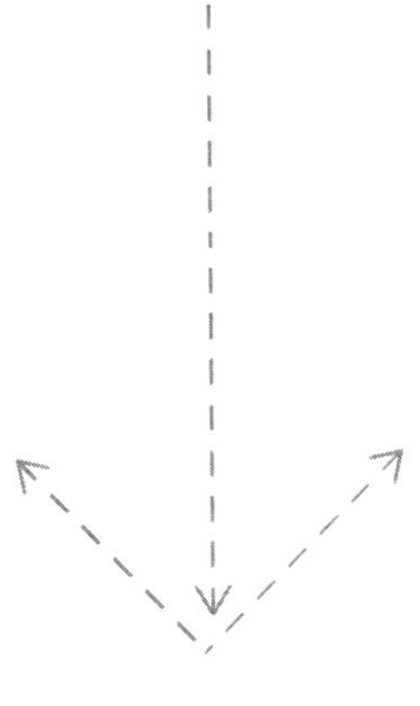

沈括：隙积术与会圆术

宋朝是中国科技文化大爆发的一个时代，诞生了一大批优秀的科学家，也产生了一大批优秀的科技产品，像中国四大发明中的三个发明指南针、火药和活字印刷都来自宋朝。不仅如此，很多优秀的数学家在这一时期集中涌现出来，沈括就是其中的佼佼者。

关于沈括有一个故事。有一家酒肆的老板生意非常不错，于是直接将酒窖里的酒坛全部搬出来，摞得高高的，为了数清楚一共有多少坛酒，店老板晚上花了很长时间才将酒坛数清楚。第二天早上，酒肆准时开张，很多人看到那么多酒坛，纷纷上来围观。有个年轻人也在人群中围观，他连连赞叹生意不错，老板听了很高兴，于是就问："年轻人，你知道这堆酒坛一共有多少个吗？"

年轻人笑着说："这很容易，只要你告诉我这堆酒坛最高一层一共有几排，每排有几个，然后一共有几层，接下来根本不用去数，我很快就可以知道答案。”老板听了有些诧异，觉得对方在吹嘘，毕竟自己花了大半个晚上才数清楚。但他还是说出了相关的数据：“最上面的酒坛一共 4 排，每排 8 个，第二层是 5 排，每排 9 个，接下来往下推，一共是 7 层。”

话刚说完，年轻人就开口说：“一共是 567 个酒坛，对吗？”店老板听了惊讶得下巴都快掉地上了，他不清楚年轻人是如何在这么短的时间内算出酒坛的数量的，于是恭恭敬敬地将年轻人请进酒肆，以好酒好茶招待对方，并请教计算的方法。

这个年轻人就是沈括，而他所使用的方法就是高阶等差数求和的算术方法，按照沈括的方法，只要算出中间那层共 77 个酒坛，然后只要用 77 乘以 7，最后再加上 28 就可以得出 567 这个答案了。这种高阶等差数求和的解法即隙积术，隙积术是一种用来计算土方和用料的方法，这种方法是他在军事工程、水利工程和建筑工程中总结出来的，后来经过自己的研究，最终变成一个伟大的数学解法。

具体的公式为：$s=n/6〔a(2b+\mathrm{B})+\mathrm{A}(2\mathrm{B}+b)+(\mathrm{B}-b)〕$，其中 a 代表上底宽，b 代表上底长，A 是下底宽，B 是下底长，n 则为层数，s 代表总和。隙积术主要是二阶等差级数的求和法，这是沈括最先创造和发现的，这一算术方式的出现极大地推动了中国数学的发展，为日后高阶等差数求和方法的发展奠定了基础。而除了隙积术，沈括在数学方面的另外一个重大贡献就是会圆术，这是一种已知圆的直径和弓形的高，求弓形的弦和弧长的方法，他给出了一个求解的公式：$\mathrm{l}=a+h2/r$。

其中，r 为半径，h 为矢高（圆弓形的高），a 为弦长。这个公式并不完全准确，依据公式的计算得出来的结果比实际值略小一些，一般来说，圆弓形的弧所对圆心角越小，那么计算结果的精确度也就越大，当圆心角小于 45° 时，相对误差也会小于 2%。

隙积术和会圆术被收录在《梦溪笔谈》一书中，而《梦溪笔谈》是一本划时代的巨著，主要讲述了 207 条科学技术的条文，内容包含了天文、历法、地理、水利、数学、地图、气象、地质、生物、化学、物理学、医药学、农学、建筑、机械、矿冶、印刷等多个方面。李约瑟认为沈括是中国科学史上最卓越的人物，日本的数学家三上义夫则认为沈括这样的数学家在全球也找不出第二个了，整个世界只有中国有这么一个人。

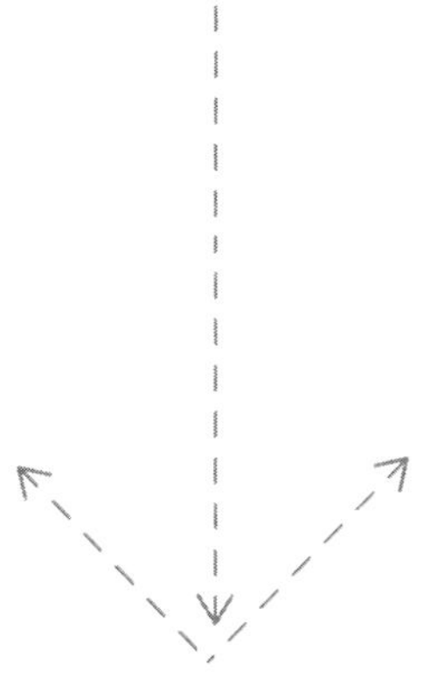

耻于与皇帝同名的数学家李冶

在中国古代，名人之间同名同姓的并不多见，而和皇帝同名的人更是非常少有，而有一位著名的数学家却和皇帝的名字撞到了一块，这令他非常懊恼。此人就是李冶，他是金元时期的才子，本名李治，后来他发现自己的名字和唐高宗李治同名，而唐高宗是直接助长武则天专权的罪魁祸首，所以他耻于与李治同名，直接将自己的名字中的“治”减了一笔，变成了“冶”字（也有人说是因为金朝曾经大肆推崇儒学，平民不能和古代的帝王同名，所以李治就改成了李冶）。

作为当时有名的才子，李冶本来已经高中进士，对于自己的前途也充满了憧憬，可是金朝的没落以及蒙古人的崛起，使得他的梦想一再破灭。当金朝灭亡之后，李冶不得不面临国破家亡的命运，最终毅然告别仕途，决定潜心研究学问。李冶做学问和其他人不同，他几乎什么类型的书籍都看，什么科目的知识都想涉猎。当时的数学在社会上的地位并不算高，但是李冶却认为数学是最有用的学问，这样的见识比同时代的人不知高明了多少，即便放在今天也是出类拔萃的。

当其他人都在专注学习六艺中的礼、乐、射、御、书时，李冶却花费大量时间和精力集中钻研排在六艺最末的数学，并且创作了中国古代数学名著《测圆海镜》。在书中，他最先提出了“立天元一为某某”的数学观点，直白来说，这就是当代数学设 x 为某某的解析高次方程的数学。中国列方程的思想可追溯到东汉的《九章算术》，里面讲述了建立二次方程的方法，但并没有设立一个明确的未知数。

王孝通曾经给出三次方程的解法，但他用的是几何方法来推导方程，这种方式的推导难度很大，一般人很难掌握。一直到宋朝，人们对于三次以上的方程就难以给出解法，几何学的限制完全制约了数学的发展，而金元时期开始出现的天元术是用数学符号列方程的方法，在李冶的发扬和拓展下，它一下子就解决了高次方程的解法难题。利用天元术，李冶非常熟练地列出六次方程，并完整地解决了分式方程问题，用纯代数方法降低方程次数，摆脱了几何学的束缚。用数字符号及性质符号来解析方程，改变了过去用文字描述方程的旧面貌，他的理论已经可以称为半符号代数，而这一数学理论比欧洲代数高次方程理论要早 300 多年，堪称 13 世纪世界最先进的代数学理论。除了利用未知数解析高次方程之外，负号和小数记法也是李冶的发明。而在西方世界，小数的记法推迟到 16 世纪末才出现。

李冶的大部分数学成就收录在《测圆海镜》这本书中，全书一共分为 12 卷，收录 170 多个问题，里面讲述了利用天元术求直角三角形中内切圆和旁切圆的直径问题。这本书标志着天元术的成熟，也让李冶进入宋元时期四大数学家之列。在完成这部著作之后，李冶成了很多朝廷大员的座上宾，很多人希望李冶能够入朝为官，但是他毅然决然地告别了政坛，时局的变故让他心灰意冷，从此政坛少了一颗明星，但中国数学史上却多了一个不世出的天才。在那之后，他一面潜心学术研究，继续丰富自己的学术知识，并且认为学问比财富更加珍贵；一面开始四处讲学，他曾到著名的封龙书院讲学，结果吸引了大批学子慕名前来听课，一时传为美谈。

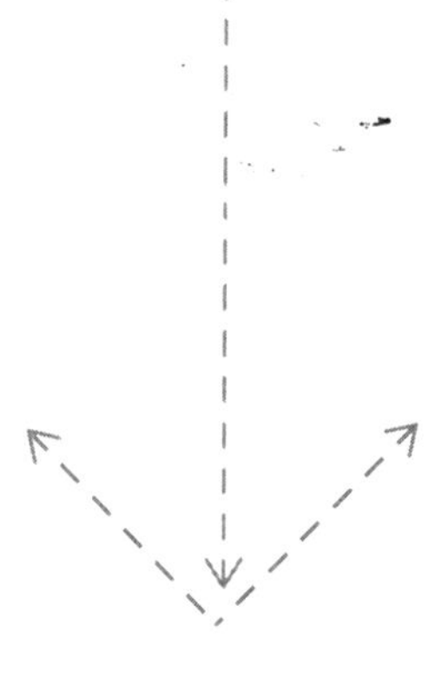

秦九韶：《数学九章》与“大衍求一术”

在中国数学发展史上，《九章算术》是一部重要的作品，许多优秀的数学家都从中汲取营养，并获得了巨大的成功。南宋时期，出现了一部重要的数学著作《数学九章》，这部著作就是对《九章算术》的继承和发展。

《数学九章》是著名数学家秦九韶完成的，他是南宋时期非常少见的天才人物，认识他的人都觉得这个人几乎无所不精，天赋让人惊叹，更重要的是他还是一个勤奋好学的人。秦九韶的父亲曾经在朝中担任工部郎中和秘书少监、工部郎中掌管营建，而秘书省则掌管图书，太史局就是其下属机构，出于父亲的缘由，秦九韶有机会去图书馆阅读大量的典籍，同时也对营建方面的知识产生了兴趣。那个时候他经常去请教当时著名的天文学家和建筑学家，请教天文历法和土木工程方面的问题，还进入工地了解施工状况。不仅如此，他还专门学习了音律、诗词和数学，几乎无不精通。秦九韶是一个典型的天才，不仅学习好，对玩这一方面也能够做到出类拔萃，剑术、骑马、射箭、蹴鞠、游戏都是游刃有余。

难能可贵的是，这样一个在其他方面都能够做得如此出色的人，还会有精力在数学上发扬光大，而且相比于其他方面的成就，数学也许才是他真正发挥价值的领域，或者说他就是为数学而生的。

1247 年，秦九韶正式完成了著作《数学九章》，作为一本具有时代意义的数学书籍，书中讲述了很多非常重要的数学理论知识，其中最著名的就是大衍求一术。早在《孙子算经》这本书中，就谈到了“物不知数”的问题：“今有物，不知其数，三三数之剩二，五五数之剩三，七七数之剩二，问物几何？”这就是大衍问题，而秦九韶对这个问题的解法做了系统的描述，因此被称作大衍求一术。大衍求一术讲述的是一次同余方程组问题的解法，也就是现在所说的中国剩余定理，它的出现比西方早了 500 多年，要知道在西方数学界，数学家高斯在 1801 年才得出了同余理论。因为大衍求一术的发现，许多数学家认为秦九韶是“最幸运的天才”。

除了大衍求一术之外，在《数学九章》中，他还提到了秦九韶算法，这是一种典型的一元高次方程正根的数值求法，即正负开方术，它属于世界级别的一次发现。他在列算式的时候，统一按照“商常为正，实常为负，从常为正，益常为负”的原则解题，开辟了求解高次方程的一条新道路。

秦九韶之所以在数学领域获得如此大的成就，很重要的一点就是他对待数学的态度。李冶说数学是最有用的学问，秦九韶则在《数学九章》

序言中说，数学可以把握变幻莫测的事物之间的奥秘，可以顺应事物本性及其发展规律。正是因为拥有这样的真知灼见，他才能够全身心地投入数学研究当中。

《数学九章》概括了宋元时期中国传统数学的主要成就，标志着中国古代数学进入一个高峰。但这本书在当时并没有引起太大的影响，作为一本偏重于应用数学的作品，相关的问题以及理论知识都是为了处理当时出现的实际问题，同一时代稍后的数学家们并没有重点介绍或者运用这本书中的知识。但是这本书的光芒却没有被掩盖掉，它已经被公认为全世界最出色的数学作品之一，在整个世界数学发展史上都具有重大的贡献。

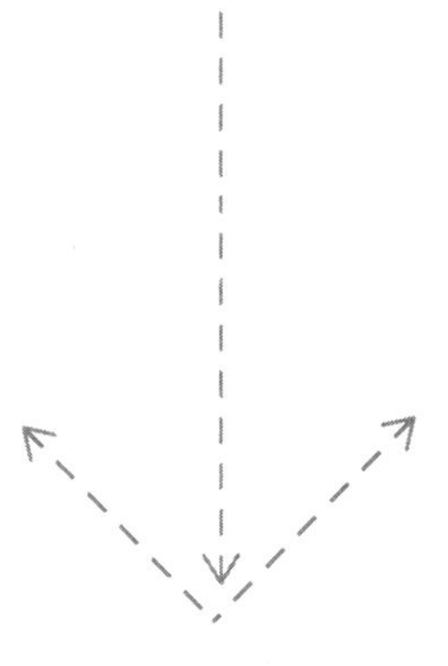

改进筹算乘除计算技术的数学家杨辉

杨辉是南宋时期非常著名的数学家，他平时非常喜欢钻研数学问题，对于前人的数学知识以及民间的一些数学方法也很感兴趣，并花费了大量的时间和精力进行整理，还提出了自己的观点加以完善，推动了南宋时期数学的发展。

他最大的贡献在于对筹算乘除捷算法的总结和改进，当时很多数学家都对这类问题有深入研究，民间也有很多类似的算法，但是整体上都比较松散，还有很多无法获得证明，这一类知识往往不成体系。杨辉在研究这类数学问题时，花费大量的时间和精力对前人智慧以及民间经验进行分析，并提出了自己的改进意见，使得筹算乘除捷算法变得更加科学合理。这些算法最终被收录在《详解九章算术》《日用算法》《乘除通变本末》《田亩比类乘除捷法》和《续古摘奇算法》等作品中。

除了总结和改进筹算乘除捷算法之外，杨辉还在纵横图方面有很高的造诣。据说他在台州府担任地方官期间，有一次坐着轿子外出巡游，刚走没多久就停了轿子，衙役来报说一个小孩子拦住了去路，怎么也不肯让轿夫通过。杨辉有些诧异，走下轿子问孩子：“为何不让本官从此地经过呢？”孩子奶声奶气地回答说：“不是不让过，而是怕你们将我的算式踩掉，这样我就看不清了。”

孩子开始介绍地上的题目，原来私塾的先生给孩子出了一道题目，让他把 1 到 9 的数字分三行排列，有一个条件是，不论直着加、横着加还是斜着加，结果都必须等于 15。孩子正在为这件事绞尽脑汁，愁眉苦脸。

杨辉走上前去看了看，发现这道题正是《大戴礼》中提到的一个算数问题，于是杨辉半蹲在地上和孩子一起研究起这道题，过了好几个时辰，两个人才将题目解答出来。之后在谈话中，杨辉得知这个小孩只是地主家的放牛娃，并没有进入什么私塾上学，而是经常偷偷跑到私塾门口偷听先生讲课。这让杨辉觉得非常感动，于是他给了孩子 10 两银子，并且还给孩子在私塾报了名，交了学费。

回家之后，杨辉开始琢磨这道数学题，并推算出了这道题的解法，将九个数字从大到小斜排成三行，接着将 9 和 1 对换，将左边的 7 和右边的 3 对换，最后将位于四角的 4、2、6、8 分别向外移动，排成纵横三行，最终构成了一幅九宫图。

找到规律之后，他又推算出了从 1 到 16 的数字排列在四行四列方格中的花 16 图，据说横纵斜行四个数字相加的和为 34。然后他先后推算出五行五列的五五图，还有六六图、衍数图、易数图、九九图、百子图。这些图总称为纵横图，杨辉将其写进自己的数学著作《续古摘奇算法》一书中。

纵横图长期以来都被当成数学游戏来对待，但它的奥妙不仅于此，现今它已经运用在组合分析、对策论、计算机科学等诸多领域，爆发出了强劲的生命力和应用价值。

杨辉善于总结和整理前人的智慧，并且能够对这些伟大的数学知识提出自己的见解，使得很多重要的数学知识流传下来，并获得更大的发展。从这一点来说，杨辉的研究工作非常重要，他在整个数学发展的过程中起到了继承和发展的关键作用。不仅如此，杨辉喜欢钻研数学问题，而且非常重视数学教育的普及和发展。他觉得数学教育是现实生活和生产中不可或缺的一部分，很多数学知识早就在民间得到了积淀，那么新的理论化和体系化的数学知识也应该回到民间，让更多的人接触数学，喜欢上数学，并利用数学从事生产活动。所以他几乎一生都在从事数学研究和教育工作，为数学事业贡献自己的力量。

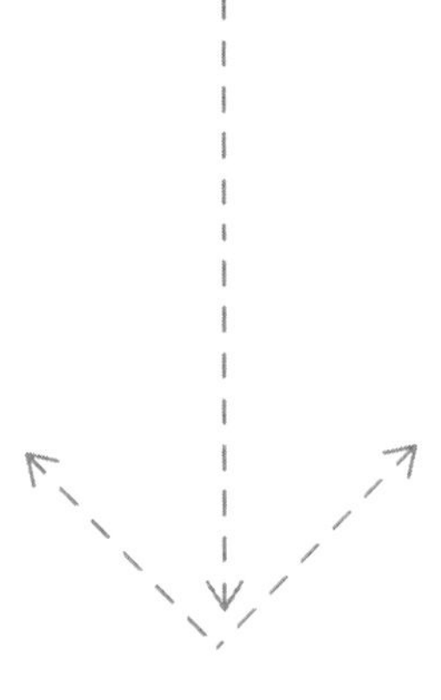

中世纪世界最伟大的数学家朱世杰

宋元时期，出现了四位著名的数学家：秦九韶、李冶、杨辉、朱世杰。其中朱世杰被称为“中世纪世界最伟大的数学家”。这和他个人的履历有关，其他几位或多或少都当过官，或者在其他领域也有涉猎，和其他数学家不同的是，朱世杰并没有花费太多的精力在其他事情上，他非常专一地投入数学研究以及数学教育当中，这也使得他能够集中精力在数学领域获得更多非凡的成就。

朱世杰的主要贡献在于将天元术推向了新的高度。天元术是金元时期非常重要的数学理论知识，蒋周为天元术的出现做了准备工作，而洞渊是天元术的先驱，李冶则打破了几何思维的束缚，使得天元术进入成熟阶段。接下来，秦九韶推出了一元高次方程之后又相继出现了二元术和三元术，朱世杰则在二元术、三元术的基础上推出了四元术，即列出四元高次多项式方程，以及消元求解的方法。天元术之前都是整式方程，李冶他们发展出了分式方程，而朱世杰则突破了有理式的限制，开始处理无理式方程，这是巨大的进步。

在四元术当中，天、地、人、物分别代表了一种未知数，就像今天的X、Y、Z、W一样。具体解法是：先选择其中一元为未知数，将其他元组成的多项式作为这个未知数的系数，然后把四元四式消去一元，变成三元三式，之后依照同样的方法再消去一元，变成二元二式，最后又消去一元，得到只含一元的天元开方式，然后求根。这是线性方法组解法的重大发展，对于整个数学史的发展有着很大的推动作用。

除此之外，朱世杰的数学研究还渗透到了高阶等差级数的研究领域。高阶等差级数的研究最先从沈括的隙积术开始，数学家杨辉则给出了一系列二阶等差级数求和公式，朱世杰的工作更进了一步，在前人的基础上依次研究了二阶、三阶、四阶乃至五阶等差级数的求和问题，并很快掌握了这一类型题目的规律，从而掌握了三角垛统一公式。

在几何学领域，朱世杰同样有着突出的成就。在他之前，数学家们对几何的研究大都集中在图形整体，关注的是它外在的具体形状和结构，并通过这些外在的整体构造寻求解题的方法，或者推出相关的理论，而朱世杰则开始深入图形内部，对图形内部各种几何元素之间的关系进行挖掘。他曾经花费很大的精力总结勾股问题，对几何图形的面积和体积运算非常痴迷，之后他在这些知识的基础上有所发展，对勾股形内及圆内各几何元素的数量关系进行分析，对立体几何图形也有了深入了解。

朱世杰的大部分数学理论都收录在《算学启蒙》《四元玉鉴》两本

书中。《算学启蒙》主要用于启蒙教学，该书体系完整，内容深入浅出，通俗易懂，非常适合用于数学教材。《四元玉鉴》则被当作中国古代代数最重要且贡献最大的一部数学名著，里面收录了多元高次方程组的解法、高阶等差级数的计算等知识，是当时世界上最重要也是水平最高的数学知识之一。正因如此，这本书之后被翻译成多国文字，被引入欧美、日本等国。

在数学领域获得重大成就之后，朱世杰希望能够将自己平生所学知识传授给更多的人，于是就在住处贴出了告示，专门讲学，当起了一位平民教育家。某一天，他在门外接待报名的学子时，听到附近妓院的一个老鸨正在毒打一个年轻女子，朱世杰非常气愤，就前去劝阻，结果得知这个女子是被父亲为了偿还赌债而卖给妓院的，朱世杰可怜女子的身世，于是在老鸨的叫骂声中花 50 两银子赎回了年轻女子。之后朱世杰每天教授对方数学知识，而她最后成了朱世杰的得力助手以及妻子。这也成了朱世杰生活中的一桩美谈，更是他教学生涯中最大的收获。

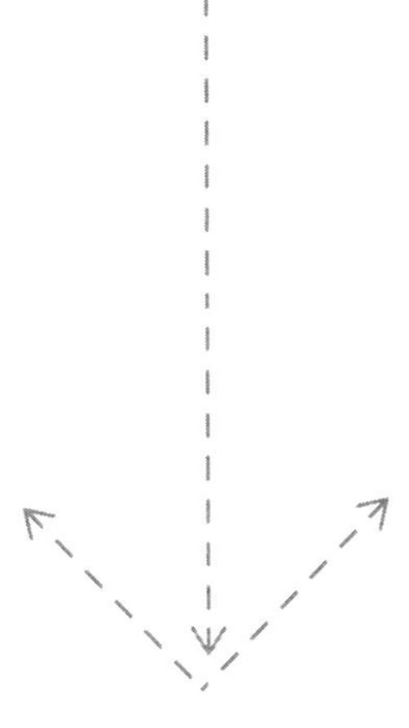

翻译欧几里得《几何原本》的徐光启

中国古代很早就存在几何学知识了，但是什么时候用“几何”作为这一学科的名称，恐怕很多人都不知道。其实最早的几何学学科并不叫“几何”，而是被称为“形学”，简单来说就是和图形有关的一门学科。到了明朝末年，著名的科学家徐光启才将其翻译成“几何”。

徐光启堪称一位百科全书式的人物，对于儒学、经济学、汉学、西学、天主教神学、天文学、数学、水利学、农学、军事学等领域都有深入研究，他还是中西方文化交流的先驱之一。他是明朝嘉靖年间人（出生于 1562 年），出生的时候家道中落，但父亲仍旧送他去读书，后来他在家乡教书。

由于生活困难，他希望通过科举考试来改变自己的命运，可是屡考不中，直到 1597 年才中了举人，1604 年中了进士（科举考试的次序：秀才—举人—进士）。徐光启步入仕途后，认识了更多的人，也开拓了自己的眼界。当时他结识了西方著名的传教士利玛窦，并且对于西方的数学非常感兴趣，1606 年，他和利玛窦一同翻译了欧几里得的《几何原本》。当时他发现几何的外文是“geometry”，发音接近于“几何”，于是就和精通汉学的利玛窦决定使用“几何”作为这一学科的名称。“几何”在中文中的意思原本是“多少”，而用它来描述这门数学学科，显然恰到好处。徐光启是中国第一位将《几何原本》引入中国的人，也是第一位将“几何”用作数学专业名词的数学家。

在那之后，他翻译了利玛窦口述的《测量法义》，并且还将其与中国古代数学作品《周髀算经》《九章算术》相对照，找出其中的异同点。可以说他是真正意义上第一位将东、西方数学进行对照和比较的人，这种对照极大地丰富了中国的数学，也为东、西方学术交流做了榜样。他还编纂了《测量异同》以及《勾股义》两本书，对中国古代数学中的几何知识进行了深入剖析。

徐光启高瞻远瞩，很早就认识到数学拥有广阔的应用空间，他举了 10 个例子，认为数学可以运用在天文学、水利工程、音律、会计理财、机械制造、兵器兵法及军事工程、各种建筑工程、舆地测量、医药、制造钟漏等方面。

中国数学发展绵延两千多年从未断绝，到了宋元时期，中国数学曾经达到世界巅峰，很多领域都领先世界数百年之多，可是宋元之后，数学开始衰微，人们不愿意学习数学，把数学当成无用之术。徐光启的建议并没有被重视起来，他的译作也没有获得足够的传播。直到 20 世纪的时候，在科举制度被废除且大兴学校教育的背景下，以

《几何原本》内容为主要内容的初等几何才成为中等学校必修科目。但是毫无疑问，徐光启是那个时代最出色的数学家，也是最有远见的数学家。

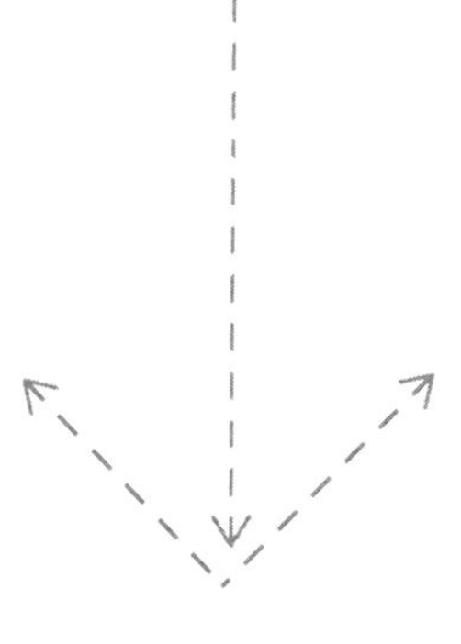

清代数学大家李善兰

清朝的时候，尤其是清朝后期，中国国力衰微，已经被西方工业国家远远甩在后面，随着科技、军事、文化艺术的全面落后，整个清朝后期的数学几乎陷入了停滞的局面，但即便是在这样的环境中，依然诞生了一位著名的数学家李善兰。

李善兰出生于 1811 年，是浙江嘉兴海宁人。出身书香世家的他从小就非常喜欢数学，9 岁的时候经常偷偷阅读家里存放着的《九章算术》，并且很快迷上了里面的数学知识，甚至达到了废寝忘食的地步。那个时候李善兰经常会拿出纸笔按照书中所提到的方法进行数学验算，当时他母亲对孩子着了魔一样的行为非常生气，总是责怪他将废纸丢得到处都是，她希望李善兰的父亲能够制止和约束儿子的奇怪行为。父亲却非常支持儿子的行为，他笑着说："等他把书上的两百多个题目做完，这本书也就学通了。"父亲还向母亲解释了这本书的作用，认为它在生活中的很多方面都有很大的作用，非常适合儿子学习。

14 岁的时候，李善兰就已经能够通过自学的方式读懂欧几里得《几何原本》的前 6 卷内容了。他还对《九章算术》与《几何原本》的内容进行综合分析，使得自己的数学知识日益丰富，数学水平也越来越高，成了当时著名的数学家。

1840 年，鸦片战争爆发，目睹了清政府的无能和溃败之后，李善兰一方面对清政府的懦弱感到气愤，另一方面则意识到科技强国的重要性，因此他决定从西方引入更多的科学知识，让国人能够掌握最先进的科学知识，从而武装国家的军事力量。1852 年，他开始去上海参加西方数学和天文学等科学著作的翻译工作，并且翻译了大量西方科技书籍，几乎包括了近代科学的所有分类，其中就包括很多数学知识，对于东、西方数学文化的交流起到了一定的作用，尤其是帮助中国吸收了先进的外国文化和数学知识，这对中国近代数学的发展产生了很大的影响。他的翻译功底很强，很多重要的数学术语都被他精准地翻译过来，而且其中的一些诸如微分、函数都是他提出来的，并且一直沿用至今。

除了翻译外文之外，更重要的是，他非常善于吸收中、西方文化中的精华，在对中国古代数学与西方数学进行比较研究的时候，他往往会将那些最优质的内容进行比对和分析，并且提出自己的观点。1867 年，他出版了自己编辑的《则古昔斋算学》，在这本书中，就收录了他自己创作的 13 部数学作品。

李善兰非常勤于思考和钻研，他曾经创造了一种“尖锥术”，用来解决幂级数展开式的相关问题，虽然此前他还没有接触过微积分，但是已经通过这种方法推导出了定积分的公式。他在《方圆阐幽》《弧矢启秘》《对数探源》三本书中阐述了这一方法，隐约有了解析几何与微积分学的影子，而他对于尖锥曲线的描述中已经包含了直线、抛物线和立方抛物线等方程。

不仅如此，他还积极从事数学教育事业，多年来审定了《同文馆算学课艺》等教材，为积贫积弱的清朝培养了一大批数学人才，可以说是中国近代数学教育的鼻祖，他也是清代数学史上为数不多的闪光点之一。

Chapter 4 第四章

告别黑暗，带领数学走出低谷的天才

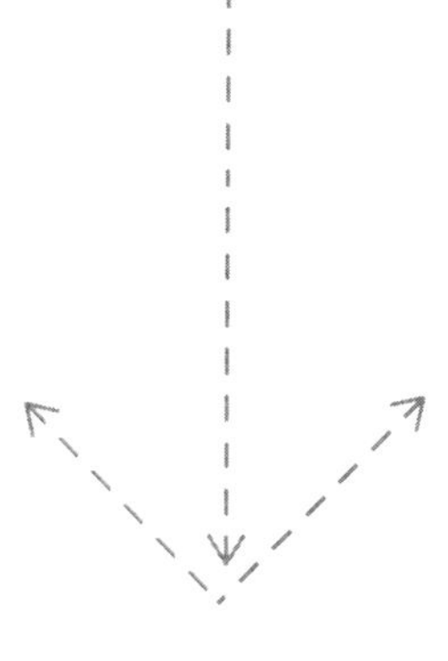

致力于翻译古希腊数学的雷格蒙塔努斯

文艺复兴运动是西方历史上非常重要的一次思想文化运动，这次运动揭开了近代欧洲历史的发展序幕，而且也诞生了一大批科技巨人和艺术巨匠，他们高举艺术和科学的旗帜，通过科学创新和文艺创作来宣扬人文精神，驱散了中世纪的黑暗。在文艺复兴运动中，欧洲的科技、文艺、经济都获得了很大的发展，在数学领域也是一样，许多优秀的数学家从古希腊数学中汲取营养，开始发展欧洲的近代数学，而德国人雷格蒙塔努斯就是其中一位比较有代表性的数学家。他是德国著名的数学家和天文学家，是文艺复兴时期一位非常重要的数学家，他当时对古希腊数学非常痴迷，并且翻译和注释了阿基米德、托勒密、阿波罗尼奥斯、海伦等大数学家的著作。而这些工作直接推动了欧洲数学的发展，确保欧洲数学可以从古希腊数学吸收养料，并确保数学发展的延续性。

雷格蒙塔努斯从小在家接受教育，12 岁之后才前往莱比锡读书，在维也纳大学上学后，跟随当时著名的学者波伊巴赫学习天文学，并在15岁的时候获得学士学位。当时学校有一个规定，只有达到21岁的年龄，才能够得到硕士学位，所以雷格蒙塔努斯不得不在学校待上几年时间。但是他的导师波伊巴赫邀请他担任自己的助手和同事，波伊巴赫在数学和天文学方面拥有很高的造诣，他希望能够将这些知识传授给自己的学生，而雷格蒙塔努斯是最佳人选，他的天赋、他的努力、他的专注都是波伊巴赫非常看重的品质。

在波伊巴赫的悉心指导下，雷格蒙塔努斯很快就掌握了大量的天文学知识，而且对古希腊天文学家的作品产生了浓厚的兴趣。不过由于天文学的知识非常复杂，而且需要运用一些数学知识进行分析和计算，所以他又开始尝试着学习一切和天文学有关的知识，包括几何学、算术以及三角学。

之后，波伊巴赫给雷格蒙塔努斯推荐了另一位知名学者贝萨里翁，贝萨里翁曾经建议波伊巴赫将托勒密的书翻译成拉丁文，但是对希腊文并不了解的他，直到去世之前，也没能完成任务，于是他将雷格蒙塔努斯叫到身边，让对方完成自己在天文学领域未竟的事业。在这样的情况下，贝萨里翁开始悉心教导雷格蒙塔努斯，不仅教授他希腊语，还鼓励他翻译其他一些古希腊著作，也正是在这一时期，雷格蒙塔努斯开始了解更多的古希腊数学。1463 年，他顺利地完成波伊巴赫的托付，将译著起名为《概论》。

1464 年，他完成了《论各种三角形》一书，这本书在数学史上占据了很重要的地位。它是欧洲第一部独立于天文学的三角学著作，书中谈到了平面三角和球面三角问题，并进行了系统的阐述和说明，书中还画出了一些精密的三角函数表。

雷格蒙塔努斯在数学和天文学领域获得了很高的成就，他也因此成为当时非常有名的数学家和天文学家。关于他的死亡，有一种说法是他曾经指出了天文学家乔治在天文学著作中的错误，以至于对方认为雷格蒙塔努斯在故意令自己蒙羞，于是一直怀恨在心，寻找机会报复，后来乔治的儿子想办法用毒药毒死了雷格蒙塔努斯，这位传播和传承古希腊数学以及推动欧洲数学的发展的伟人，以这样一种方式结束了自己光辉的一生。

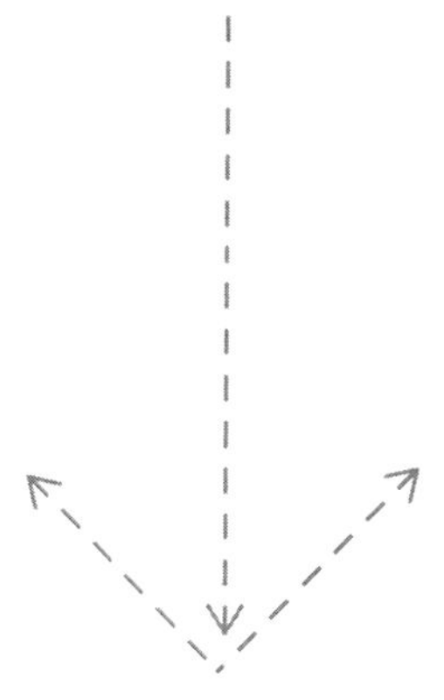

把数学和会计学完美结合的近代会计之父卢卡·帕乔利

15 世纪是世界历史尤其是西方历史上非常重要的一个时期，在这一阶段，西方国家兴起了轰轰烈烈的文艺复兴运动，科学、经济、艺术文化开始繁荣，并达到了一个新的高度。其中数学也是如此，在经历了中世纪的黑暗之后，数学开始重新崛起，涌现出了一大批优秀的数学家，而意大利著名数学家卢卡·帕乔利就是其中的领头羊，他高举文艺复兴与数学革新的旗帜，将数学推向了一个新的高度，并且通过数学直接将会计推入了一个新时代。

在卢卡·帕乔利生活的时代，商品经济开始发展起来，贸易和经济管理都要求更加出色的记账技术，这是了解经营情况，寻求管理对策，改善经济效益的重要保障。但记账需要非常专业的数学知识，这对记账员的数学水平提出了很高的要求，因此他开始研究威尼斯式簿记，并且思考着如何将数学和记账结合起来。

1475年，他受聘于佩鲁贾大学，成了一名虔诚的修道士。教皇当时希望他能够将数学知识表达出来，最好将数学概念与宗教教义结合在一起，借助教皇的权威，卢卡·帕乔利意识到自己完全可以将数学运用到实践当中，比如艺术创作、建筑施工以及经济管理。他从商品经济的发展以及威尼斯式簿记中得到了灵感，并顺利找到了应用数学与经济管理的结合点，于是创作出了一生中最重要的一本书——《算术、几何、比及比例概要》，它也叫《数学大全》，这本书直接促成簿记实践向簿记理论的转变和升华，对近代会计的发展产生了深远的影响。

在书中，卢卡·帕乔利借助数学知识明确了会计各要素之间以及会计内部各要素之间的数量关系，还对账簿组织与记账程序进行规范化与系统化处理，从而为构建簿记信息系统打下坚实的基础。不仅如此，他还制定了一系列的操作规则，确立了复式簿记的地位，这成了会计发展史上最重要的一项革新内容。

依靠这种复式簿记的方法，人们可以把复杂的经济活动及企业之间的竞争结果，转换成一系列以货币为表达单位的会计数字，这些数字拥有强大的压缩能力，为各个公司和企业提供最准确的财务报表。这是典型的依靠数学来改变社会的一种方法，也是数学与现实社会紧密结合的最直观体现。

卢卡·帕乔利天资聪颖，在很多方面都有所成就，在出版的11部作品中，内容涉及数学、簿记军事战略、国际象棋、牌技以及魔方等方面的内容，据说他在哲学、语法、修辞学、天文学、音乐方面也展示出了过人的天赋，还学习过诗歌、绘画和建筑。跨度如此之大，学识如此渊博，的确令人感到惊讶，使他在文艺复兴运动的璀璨明星中得以占据一席之地。

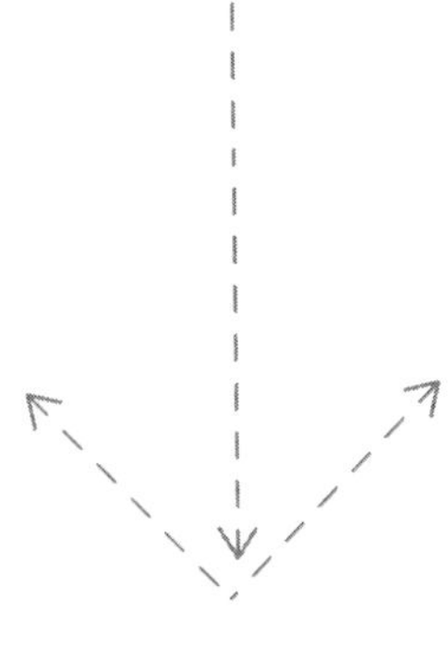

文艺复兴运动最后的一位数学家邦贝利

邦贝利是意大利著名的数学家，他最初从事的是水利设计工作，而且取得了不错的成绩，在该领域的声望很高。不过他对数学非常痴迷，在工作间隙就会学习和研究数学，并且写出了《代数学》这部巨著，系统地总结了代数方程理论。

作为文艺复兴时期最后的一位数学家，邦贝利是一个非常有雄心的人，他的前辈们在此前对于代数有着深入研究，比如帕乔利在1494年出版了《算术、几何、比及比例概要》，肥罗也对代数的发展起到了一定的积极作用，接下来是数学家卡尔达诺、塔尔塔利亚、费拉里三位大师，他们在对解三次和四次方程方面做出了突出贡献，邦贝利非常赞赏卡尔达诺，并且认为还没有人能够像对方一样如此深入地研究代数。不过他对卡尔达诺在代数方面的表述并不满意，觉得很少有人能够看懂这些概念，所以他下定决心要亲自写一本书，以便更加清晰明了地向所有人介绍代数这门学问，而且不需要借助其他参考书就能够理解和掌握代数知识。

在那之后，他花了几年时间写了《代数学》，将当时已知的所有相关的代数知识囊括其中，并且还做出了自己的贡献，比如他提出了新的方法来解决三次方程不可约的情况，这种方法远远超过同时代的数学水平。在代数解题中，他建立了虚数运算法则，还在代数中运用各种符号，用连分数来逼近平方根，他还打破了古希腊以来几何学对代数的束缚，这些都为代数的发展提供了巨大的帮助。

一件有趣的事情是，在解三次方程时，邦贝利通过三次求根公式得到了根中含有负数的平方根，这样的结果让他感到非常疑惑，他根本搞不清楚为什么一个整数中会含有负数的平方根。由于无法解释这样的结果是如何出现的，他不得不承认负数的存在，并对它做了一个简单的定义。尽管是不得已而为之下的无奈之举，但这样的定义却误打误撞地让代数的发展变得更加完善。

无论如何，邦贝利的《代数学》是一部非常重要的作品，而且后世数学家给予的评价也非常高，像德国著名的数学家莱布尼茨曾将这本书作为自学三次方程的参考资料，他从中受益匪浅，并且认为邦贝利是“分析术的卓越大师”。作为第一个普及丢番图著作的人，邦贝利在总结前人数学成果的同时，也建立了自己的一些代数运算法则，从而将代数发展推向了一个高峰，并为后来的数学家研究代数铺平了道路。

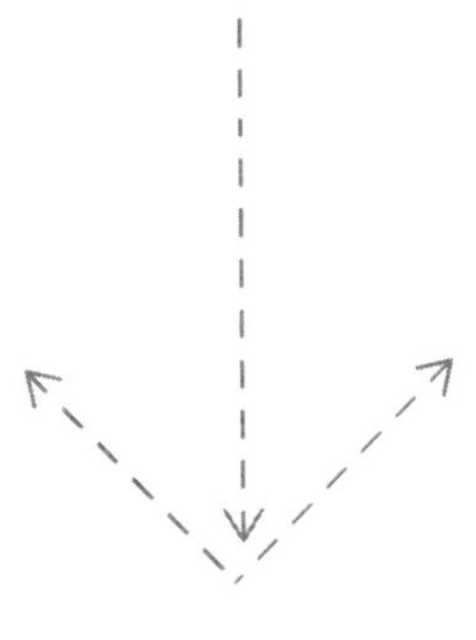

代数学之父韦达

代数是数学中的一个重要分支，但无论是古希腊还是中世纪，代数的地位都比较尴尬，多数人认为几何才是正统数学，而代数更像是一个不起眼的分支，很多人甚至不认可代数的存在。虽然经过很多数学家的努力，但是代数仍旧势单力薄，无法在数学领域站稳脚跟。这个时候，一位大数学家的出现，拯救了代数的地位，他就是法国著名数学家韦达。

韦达并不是一个专门学习数学或者研究数学的人，他早年学习过法律知识，担任过律师，还成了议员。他非常喜欢研究数学，尽管这不是他的主要工作，但他仍旧做得有声有色，投入大量时间和精力来进行数学方面的研究。早在1579年，他就创作了《应用于三角形的数学定律》，这可能是西欧第一部论述6种三角形函数解平面和球面三角形方法的系统著作。韦达还专门讨论了正弦、余弦、正切弦的一般公式，首次把代数变换应用到三角学中。

当然他最重要的成就还是那本《分析方法入门》，这是他最重要的一部代数著作，他从古希腊数学家帕波斯和丢番图的著作中汲取营养，认为他们已经应用过一种由已知结果求条件的逻辑分析技巧（代数），他将这种分析方法重新组织，并创立了一般的符号代数，直接将类的运算与数的运算区别开来，从而明确了代数与算术的分界。作为第一个有意识地和系统地使用字母来表示已知数、未知数及其乘幂的数学家，他率先发现了方程根的多种有理变换，还弄清楚了方程根与系数之间的关系，著名的韦达定理（一元二次方程求解）就是他提出来的。这些都极大地拓展了代数的发展道路，从那之后，人们对于方程式计算越来越重视，他也因此获得了“代数学之父”的尊称。

韦达是当时世界上最出色的数学家之一，创作了很多数学作品，除了前面介绍的两部作品，还有《分析五章》《几何补篇》等著作。他的作品著作形式都比较独特，而且基本上包含了文艺复兴时期的全部数学内容，但由于文字比较晦涩难懂，所以传播度非常有限，他的数学成就在当时也不被多数人理解，但这并不妨碍法国人对他的喜爱。

据说，比利时的数学家罗门曾提出一个 45 次方程的问题，并且大胆地向各国数学家挑战，应战者寥寥无几，因为没有人能够给出正确答案。法国国王认为法国拥有很多优秀数学家，绝对不能被比利时比下去，于是就把这个问题交给了韦达。韦达很快就得出一解，不仅如此，他回家后很快又得出了 22 解。等到答案公布出来之后，立即震惊了整个欧洲数学界。罗门也被镇住了，他万万没有想到有人能够给出答案，还能提供 23 个解，这简直是闻所未闻。而更令人惊讶的是，韦达回敬了罗门一个问题，而罗门苦思冥想了好几天才艰难地给出一个解，而韦达却毫不费力地就给出了解，从而打击了对方嚣张的气焰。

16世纪，韦达就是法国数学界的一座高峰，也是所有法国人的骄傲，而他显然也当得起这样的名声。

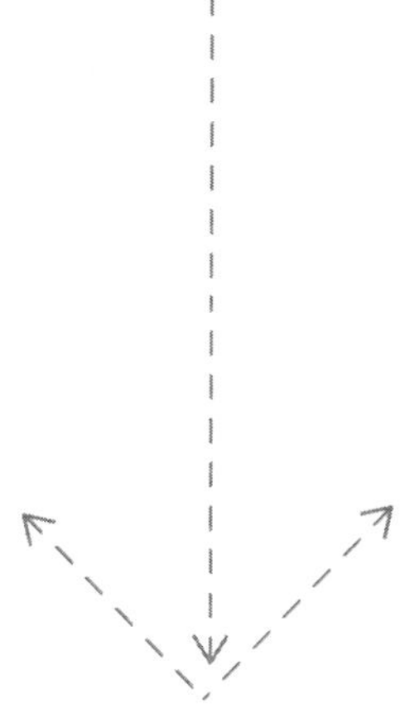

对数之父纳皮尔

许多天才数学家是全方位的人才，他们不仅仅在数学领域有很大的成就，在天文学、哲学、文学、语言学等方面可能也拥有很高的天赋和成就。还有一些杰出的数学家虽然专攻数学，但是在多个数学分支都做出了很大的贡献，可能对代数、几何、概率论、分析、微积分等领域都有深入研究。另外一些优秀数学家，并没有在各个数学分支开枝散叶，而是选择了专攻某一分支，他们一生中也许只有一个定理或者一个发明，但即便是这一个也足以让他们跻身最伟大数学家的行列。类似这样的数学家有很多，纳皮尔就是其中一位。

纳皮尔是苏格兰著名的数学家，出生于 1550 年。他在大学毕业后，曾经前往欧洲大陆学习，对欧洲大陆的数学发展情况有了一定的了解，也吸收了很多先进的数学知识，还养成了独立思考的习惯。1571 年返回苏格兰之后，他开始进行自己的数学研究工作。他对数字计算很痴迷，并且在 1594 年发明了对数的概念，1614 年，他在爱丁堡出版了《奇妙的对数定律说明书》，阐述了他的学说和思想，这本书对整个数学界都产生了很大的影响。

许多中学生都学习过对数，简单来说，如果 $a^n=b$，而且 a 大于 0，不等于 1，那么 n= $\log(a)(b)$，a 是底数，b 是真数，n 就是以 a 为底的 b 的对数。比如以 10 作为底数的话，10 的对数是 1，那么 100 的对数就是 2，1000 的对数是 3，因为 10 的 1 次方等于 10，10 的 2 次方等于 100，10 的 3 次方等于 1000。

对数的很多性质决定了它在数学中的重要性，比如对数可以直接将乘法变成加法，可以将除法变成减法，这样就带来了计算上的便利。有人认为对数就是对数字的一次缩放，即便是再大的数字，在对数面前也会变成很小。比如 1 亿的数字看起来很大，如果以 10 为底数，那么对数不过是 8，可以说对数巧妙地将大数字和大量的计算变得更加简单。

事实上，在文艺复兴之后，欧洲的科技开始迅速崛起，而科技的发展带来了庞大的数字计算，许多天文学家和物理学家不得不耗费巨大的精力来应付这些枯燥乏味的数字计算。而对数的出现则极大地提高了传统的运算速度，将人们从那些烦琐复杂的运算中解放出来。从这一方面来说，对数就像一个超强的运算工具，帮助人们轻松地处理数字计算问题，从而有效提高了科技发展的速度。正因如此，数学家拉普拉斯对于对数的发明给予了很高的评价：“如果计算生命的长短不以活着的年数为标准，而以人们的贡献来估价的话，那么对数的发现等于将人的寿命延长了两倍。”

纳皮尔一生中并没有太多的数学成就，但仅仅依靠着一个发明，他就成了数学史上一个不可或缺的人物，他的发明不仅为数学增添了强大的运算工具，也直接改变了世界历史的发展进程，可以说他在世界发展史上都具有举足轻重的地位。

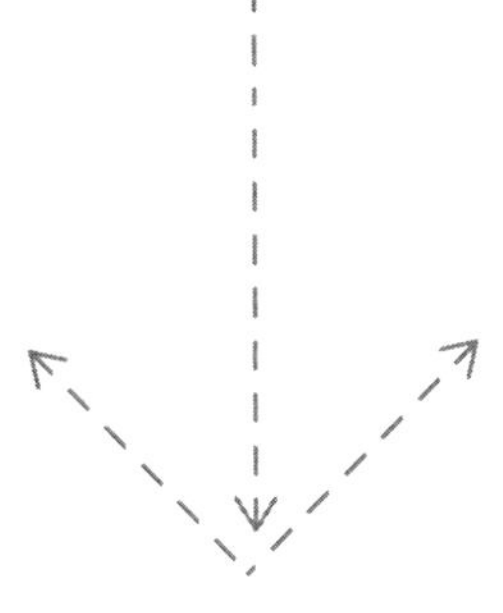

几乎无所不能的大师伽利略

数学在很长一段时间内都被看作一种高级的智力游戏，无论是以欧几里得为代表的几何学还是以字母为代表的代数等初等数学的发展，都没能改变人们对数学的看法，再加上毕达哥拉斯学派强调的“数是宇宙本源”学说，使得数学蒙上了一层神秘的色彩。数学与自然科学的其他学科长期处于分离状态，数学一般描述静止的自然现象，与物理学相脱节，而且数学偏向于定量分析，而其他自然科学偏向于定性分析，它们缺乏定量分析，无法准确描述物体的运动状态。

随着中世纪黑暗统治的结束，自然科学迅速发展起来，其中力学开始出现，这个时候就需要借助数学知识来进行定量分析，伽利略就成了联结数学与自然科学的关键人物。他不仅开创了动力学，还提出了科学研究的一个原则，那就是通过观察和实验来了解客观事物，而数学分析则是得出正确结论的重要工具。伽利略一直强调：“如果没有掌握自然界的数学语言，自然界这本大书就不可能理解。”事物的大小、形态、数量关系可以通过实验来了解，而事物按照力学规律进行的运动，则需要依靠数学进行计算。将实验和数学结合起来，在实验的基础上运用数学来论证，这是伽利略做出的重要贡献。这种创造性的思想有效改变了数学被长期排斥在自然科学之外的尴尬局面，也成了科学研究中经验与理性完美结合的典范。

比如伽利略曾经在著名的比萨斜塔上验证了物质的自由落体运动。古希腊哲学家亚里士多德认为两个质量不相等的铝球从同一高度下落之后，两个铝球落地的时间肯定不一样，而伽利略运用加速度的知识证明了这是一个错误的结论，在解读加速度的时候，他研究了物体是如何下降的，并且计算出了物体依据怎样的数学关系下降，他计算出了物体的加速度，尽管这个加速度的数值和今天测量出来的加速度数值有一定的差距，但伽利略显然已经成功运用数学公式来解读自由落体现象了。达·芬奇此前也曾研究过这个问题，但他并没有将其上升到数学公式的高度，从这一方面来说，伽利略才是那个将自然规律研究建立在科学理性分析基础上的那个人。

正因为一直坚持将数学融入自然科学的理性分析当中，伽利略在科学领域取得了惊人的成就。除了发现自由落体定律，他还发明了第一架望远镜，证实了哥白尼的日心说，顺带发现了土星光环、太阳自转、太阳黑子活动、金星和水星的盈亏现象。他在近代科学史上占据了非常重要的位置，被称为“近代科学之父”“科学之父”“现代观测天文学之父”“现代物理学之父”。伽利略是科学史上罕见的天才，他在21岁的时候就已经闻名全国，人们甚至称他为“当代的阿基米德”，很难想象这是社会对一个 21 岁年轻人的评价。他 25 岁那年，比萨大学干脆破例聘他当了数学教授，这样的成就和天赋显然高出常人太多，他的成功也就变得更加理所当然了。

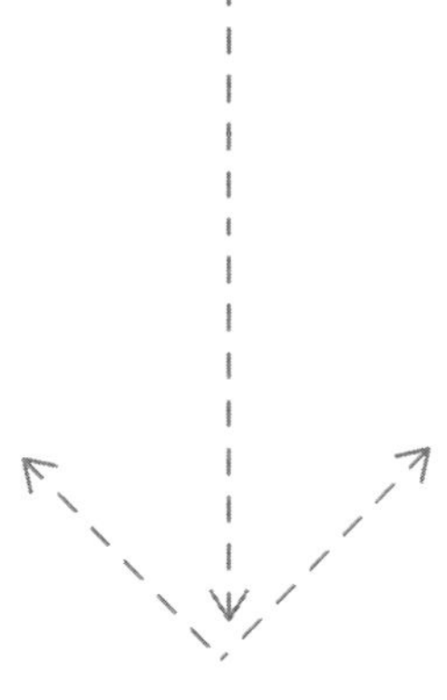

给几何坐标体系安上公式的笛卡儿

在西方国家，数学曾经有过高度发达的时期，但有一个问题非常明显，那就是整个学术界都是以几何学为中心的，代数似乎无关紧要，而且几何和代数一直都是处于分离的状态，两者保持非常鲜明的界限，经历希腊数学的辉煌时期以及中世纪的黑暗，这种分割反而越来越明显。其实，作为数学中的两个不同体系，几何与代数各有优劣，如果盲目将其彻底分离开来，对于两者的发展都会产生负面影响。在这样的背景下，一些文艺复兴运动中成长起来的数学家开始反思这个问题，并且寻找解决之道，但是直到法国数学家笛卡儿出现，才真正解决了这个问题。

依靠着天才的直觉和严密的数学推理能力，笛卡儿将几何坐标体系进行公式化处理，这种做法直接将几何和代数结合成一门新的独立的分支，即解析几何，而他也因此被认为是“解析几何之父”。其实在笛卡儿所处的时代，人们经过了文艺复兴运动的洗礼，开始重新审视和挖掘古希腊的几何学知识，与此同时，来自东方的代数学知识也进入欧洲。笛卡儿在分析了两种不同数学体系的优缺点之后，立志创立一门能够包含这两门学科优势却没有它们缺点的学科，后来他创立了解析几何，通过平面上的点到两条直线之间的距离来确定点的距离，然后用三条相互垂直的直线来打造一个坐标体系，明确点的空间，这样就可以通过代数变换来发现和证明几何的性质，当几何问题可以用代数形式归结起来的时候，就有效避免了几何学和代数学原来的缺点，并且有效遏制了几何学与代数日渐分离的局面。

笛卡儿从小就是一个非常喜欢思考的人，早年体质虚弱的他曾经得到老师的特许，可以晚一点起床上学，而笛卡儿每次都会利用这段时间躲在被窝里思考问题，包括很多数学问题。笛卡儿是一位天才，涉猎非常广泛，几乎会看任何方面的书，即便是一些非常奇怪或者不平常的书，他也喜欢阅读。但在诸多书籍中，他最看重的是数学，而且对于数学非常敬畏，他曾经说过这样一句话："除了数学之外，其他领域内任何知识都是有懈可击的。"在他看来，数学几乎是无止境的，人们要学的东西很多，不理解的内容也有很多。

1617 年，他在荷兰服役，偶然在当地举办的一次有奖竞猜的数学活动中答对了所有的题目，这件事让他对数学产生了更强烈的兴趣，并意识到自己可以在数学方面投入更多精力。但真正让他在解析几何方面获得实质性进步的是住院期间的一次观察。1619 年 11 月 10 日，他生病住院并在医院里苦苦思索是否可以利用代数中的几个数来表达几何中的点。这个时候，头顶一只正在结网的蜘蛛引起了他的注意，蜘蛛时而在墙角织网，时而顺着吐丝的方向移动，时而沿着墙面爬上爬下。

笛卡儿突然产生了一个设想：能不能用两面墙的交线，还有墙面与天花板之间的交线，来确定蜘蛛的空间位置呢？想到这儿，他直接从病床上坐起来，在纸上画出三条相互垂直的直线，分别用来代表两面墙以及天花板的交线，然后用一个点来确定蜘蛛的位置，并且这个点与各条交线之间的距离完全可以测量出来。

这简单的三条交线和点的确定，直接为笛卡儿创立解析几何奠定了基础，而三条交线也成了笛卡儿的几何坐标系。笛卡儿的方法直接统一了几何问题的作图法，在这个作图法当中，他巧妙地引入单位线段以及线段的加减乘除、开方概念，把线段和数量联系在一起。接着通过线段关系，找出两种方式表达同一个量来构成方程，最后依据方程的解所表示的线段关系作图。不仅如此，笛卡儿还选择两条垂直相交直线构成 X 轴和 Y 轴以及相交点原点 O，这样就可以运用两个未知数 X、Y 来确定两条处置相交直线上任意一点的位置。

笛卡儿将自己的数学观点和成就收录在《几何学》一书中，并且直接引领数学进入变量数学阶段，更是为日后微积分的创立奠定了基础。伟大的社会主义和共产主义领袖恩格斯对于笛卡儿的成就非常推崇，他曾经给出了至高无上的评价："数学中的转折点是笛卡儿的变数，有了变数，运动进入了数学，有了变数，辩证法进入了数学，有了变数，微分和积分就立刻成为必要了。"

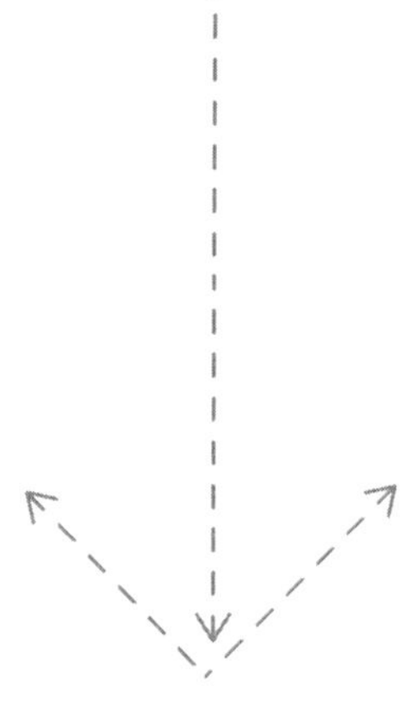

制作世界上第一台数字计算器的数学大咖帕斯卡

在文艺复兴运动前后，法国出现了许多伟大的数学家，几乎成了欧洲数学的中心，这些大数学家中的任何一位都堪称世界级别，而帕斯卡在这些数学家当中仍旧能够绽放自己的光芒，开辟一片属于自己的数学天地。

布莱士·帕斯卡是法国历史上一位出色的天才，很多了解他的人都知道一件事，那就是物理学中所提到的压强单位就是以帕斯卡的名字命名的。他在研究真空问题时，发现了大气压的存在，并且在测量中发现大气压强随着高度的降低而增加，简单来说，山顶的大气压强要比山脚的大气压强低一些。在了解大气压强之后，他发明了水压机、注射器，还改进了水银气压计，甚至利用气压计进行天气预报。

除此之外，1642 年他设计并制作了一台能自动进位的加减法计算装置，这一装置一直被认为是世界上第一台数字计算器，它的出现完全改变了人类的计算方式，并为以后的计算机设计提供了基本原理。可以说人类之所以进入计算机时代以及后来的电脑时代，帕斯卡功不可没。

自然而然，帕斯卡发明这样一种加减法装置，主要是为了更好地进行数学运算，而数学在他的生命中始终扮演着重要的角色。只不过和很多数学家从小接触数学不同的是，他在 12 岁才开始学几何，有趣的是他的父亲是一位有名的数学家，似乎并没有刻意让儿子跟着自己学习数学，有一种说法是父亲担心帕斯卡会因为学习数学而耽误希腊文和拉丁文的学习，所以立下一个规矩，那就是帕斯卡在 15 岁以前禁止学习数学。可是从小就在父亲身边耳濡目染的帕斯卡，在几何学方面展现出了过人的天赋。某一天，父亲发现 12 岁的帕斯卡用一块煤在墙壁上证明了三角形内角之和等于两个直角（等于 180°），这个时候父亲才意识到自己绝对不能浪费孩子的这种天赋，于是让帕斯卡跟着自己学习几何。

那个时候，帕斯卡以超出同龄人的成熟，很快就通读欧几里得的《几何原本》，并掌握了其中的要领。16 岁的时候，帕斯卡发现了内接一个二次曲线的六边形的三双对边的交点共现，于是提出了著名的帕斯卡六边形定理。接下来，他在这个理论的基础上推出了 400 多条推论。17 岁那一年，他依据前人射影几何的学说，完成了《圆锥曲线论》，这部作品被认为是继阿波罗尼奥斯之后，圆锥曲线领域最大的进步。

在数学领域，他还将触手延伸到了其他方向上。比如有个赌徒曾经给他送来一道非常有趣的题目，这个赌徒意识到自己掷骰子的时候，一旦出现某种组合，自己就会输钱，这让他感到非常困惑，所以赌徒将问题扔给了帕斯卡。而帕斯卡也非常认真地和另一位大数学家费马一起进行了分析，还运用数学知识进行运算，两个人最终给出了一个比较靠谱的答案，后来他还专门写了一篇关于算术三角形的论文，而这直接为近代概率论的发展奠定了基础。

这位才华横溢的数学家原本可以拥有更美好的前途，可以在科学领域做出更大的贡献，但是他却英年早逝，在 39 岁的时候就撒手人寰，让人感到非常惋惜。但无论如何，他在数学以及物理学上的成就已经为整个世界带来了福音。

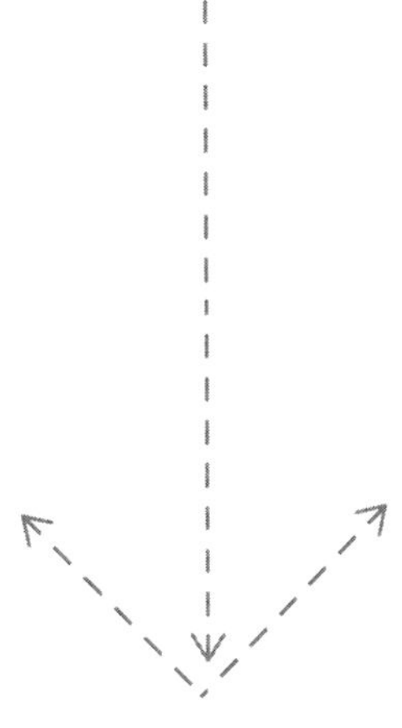

费马：一个让数学家们奋斗了300多年的天才

费马是法国著名的数学家，但他一开始并没有接触数学，即便是上大学，他的专业选择的也是法律，毕业后则担任了律师，还被推举为地方上的议员。工作以后，他仍旧喜欢读书，经常利用业余时间阅读哲学、文学、历史、法律。到了30岁的时候，他突然迷恋上了数学，而这个时候，他的数学天赋开始展现出来。但是他很少公布自己的数学成就，直到死后，儿子才在整理他的笔记和批注时，将相关的内容公布出来，这个时候人们才知道，这位大数学家与笛卡儿共同创立了解析几何，还创造了做曲线切线的方法，为数论的发展指明方向，还成了概率论的创始人之一。当然，对于费马来说，也许最具盛名的就是费马大定理，这一定理对之后的数学发展史产生了深远的影响。

1637年，费马在研读古希腊数学家丢番图的著作《算术》时，发现了一道关于勾股数的问题："给定一个平方数，如何将它写成另两个平方数之和？”费马在思考了这个问题之后，并没有给出问题的解答，而是在这道题旁边的空白处，写下了这样一段话：“将一个立方数分成两个立方数之和，或一个四次幂分成两个四次幂之和，或者一般地将一个高于二次的幂分成两个同次幂之和，这是不可能的。关于此，我确信已发现了一种美妙的证法，可惜这里空白的地方太小，写不下。”

这段话的核心思想就是：当 $n>2$ 时，$x^n+y^n=z^n$ 没有正整数解。而这样的断言就是著名的费马大定理。一般的数学家在解题时，都会将自己的证明方法和解题方法写出来，而费马却在这样一个关键问题上给出了“地方太小，写不下”的留言，这简直让人觉得不可思议，也许是他觉得这道题并没有想象中的那么难，并不值得给出具体的解法，也许是他故弄玄虚，根本给不出任何解法。

无论如何，这给后人留下了一个很大的悬念，在接下来的 300 多年时间里，无数的数学家前赴后继地投入这道题的解法以及关于费马断言的论证中，大家想要弄清楚费马的断言是不是合理的，经不经得起推敲，但这个命题的难度非常大，很多数学家奋斗了一辈子也没能得出一个理想的结果。

比如 1770 年，瑞士数学家欧拉沿着费马的足迹进行论证，仅仅得出了一个立方数不可能分成两个立方数之和的证明。19 世纪初，法国女数学家热尔曼提出了热尔曼数，并认为费马提到的方程大概不存在整数解。1825 年，德国数学家狄利克雷和法国数学家勒让德成功证明了大定理对“$n=5$”的时候成立。1839 年，法国数学家拉梅证明了“$n=7$”时命题成立。德国数学家库默尔证明了当 $n<100$ 时除 37、59、67 三

数外，费马大定理均成立，他还借此创立了代数数论。

之后德国著名数学家高斯也花费大量时间研究这个命题，但最终什么也研究不出来，他只能选择放弃。到了20世纪，大数学家希尔伯特也被人劝着去破解费马大定理时，他意识到这是一道非常有挑战性的数学题目，如果自己贸然去解开它，那么无论这个命题是不是成立，最终都会断送这道题的吸引力，也许这个世界上再也不会出现像这样具有吸引力的题目了，他更希望看到的是有更多数学家能够投身其中，发挥自己的才能来解题。事实上，因为这个问题的探讨，300多年来，已经产生了很多新的数学概念和数学分支，数学家们提出了整数的概念，产生了理想数概念，并由此开创了代数数论。所以希尔伯特在拒绝之后，说了一句非常有名的话："我不愿意杀死这只会下金蛋的鹅。"

但任何一道数学题总会有得到解答的那一天。到了1994年，英国著名数学家安德鲁·约翰·怀尔斯在经过8年的钻研之后，如愿攻克了费马大定理，这个时候距离费马大定理提出来已经过去了整整358年。而怀尔斯在解答这个命题时，建立了"椭圆曲线"与"模形式"之间的对应，并以此揭示了现代数学当中，不同的领域之间存在着深刻联系，而这成了费马大定理这只鹅被杀死之前，所生下的最后一个金蛋。

有人说，费马大定理在300多年来培养和孕育了一大批出色的数学家和数学理论，也许这些比费马大定理本身更为迷人。

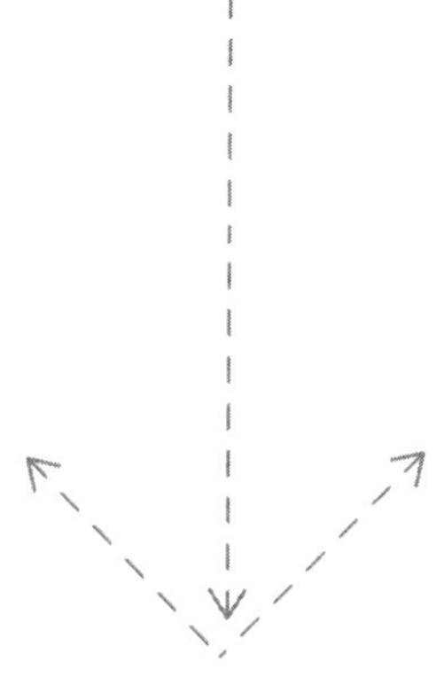

牛顿：不会物理学的经济学家，不是好数学大师

说起牛顿，很多人想到的是力学的三大定律，联想到的是那个苹果砸落在头上并撬开物理学大门的故事，在大多数人的印象中，牛顿是一个伟大的物理学家，是物理学之父。可以说人们对于牛顿的了解，大部分停留在物理学领域，但事实上，他还是一位杰出的数学家。尽管人们通常不会这么去称呼他，但牛顿确实在数学领域取得了不小的成就。

和其他天才型的科学家不同的是，牛顿从小表现得有些迟钝，他沉默寡言，而且缺乏社交能力，这让他经常遭到别人的嘲笑。在这样的环境下生活，牛顿的成就自然不会太好，不过这个略微有些犹豫的大男孩非常害羞。这一点在他进入大学后也没有任何改善，比如 1661 年牛顿进入剑桥大学的三一学院，在大家的眼中，他是一个皮肤白皙、头发金黄、体形瘦弱，但是眼神锐利，让人觉得不容易亲近的人。

事实也证明了大家的判断，牛顿在学校里很少说话，但行为则非常怪异，他总会产生一些奇怪的想法，并且乐于付诸实践。所以接下来的一段时间，同学们非常惊恐地看见这个怪异的人经常一动不动地坐在床上几个小时。有时候他会用一根大针眼的缝针插进眼窝，以便弄清楚在眼睛与后面的骨头缝中揉来揉去后究竟会发生什么。又或者他会瞪大眼睛直接看着太阳，据说他这样做仅仅是为了验证一个猜想：太阳光线是否会灼伤自己的眼睛。

当然，更多的时间里，他还是在认真思考和研究，其中数学是他学生时代的一个强项，所以他干脆花了点时间研究一下，并且很快证明了广义二项式定理，这是一项重要的成就，但 22 岁的牛顿似乎并不满足于此。之后的几年时间，他从阿基米德的求积理论中找到了新的分支，那就是微积分。难以想象他那么年轻就完成了微积分的求证，重要的是，他对此并不那么上心，而是半遮半掩地拖延了好多年。然后德国人莱布尼茨也发现了微积分，两个人为此进行了长达数年的纷争。

这个研究过程更多地充斥着偶然性，因为牛顿对于微积分的研究主要是为了解决一些物理上的运动问题，比如切线问题、求积问题、瞬时速度问题、函数极大和极小值问题等。在牛顿之前，有很多数学家也从事过类似的研究，但他们并没有将其从其他数学学科体系中独立出来，相比于阿基米德等前辈数学家，牛顿将以往分散的结论进行综合，并对求解无限小的算法划分为微分和积分，并确立了这两类运算的互逆关系，从而开辟了数学的新纪元。

早在担任数学教授之前，牛顿就研究了微积分，并在 1669 年完成了第一篇有关微积分的论文，不过他没有打算公布出来，而是拿给朋友们传阅。即便如此，这篇论文成了建立微积分学科的一个标志。1671 年，牛顿完成了《流数法和无穷级数》这篇文章，第一次阐述了微积分的定理，可是同之前一样，他没有立即公布出来。无论如何，牛顿错过了最佳的公布时间，但是他的研究成果带动了数学的发展。

除了广义二项式定理和微积分之外，他还提出了“牛顿法”以趋近函数的零点，并为幂级数的研究做出了重要贡献。从这些研究成果来看，牛顿是一位顶级的数学家。不过在物理学和数学中达到高成就的同时，牛顿似乎并不打算放弃自己在其他方面的天赋，他曾经炒过股票，还当过英国皇家铸币厂的主管人员，他对金融和经济学也非常感兴趣，并且发明了金本位制度。作为一位博学多才的科学家，牛顿的人生经历非常丰富，并且成了近现代物理学和数学的开创者，在世界历史百大具有影响力人物的排行榜上，牛顿高居第二位。在世界众多伟大人物之中脱颖而出是非常困难的，很多伟大人物的落选和入选都存在很多争议，而对于牛顿来说，他的争议主要在于“他为什么没有排在第一”。

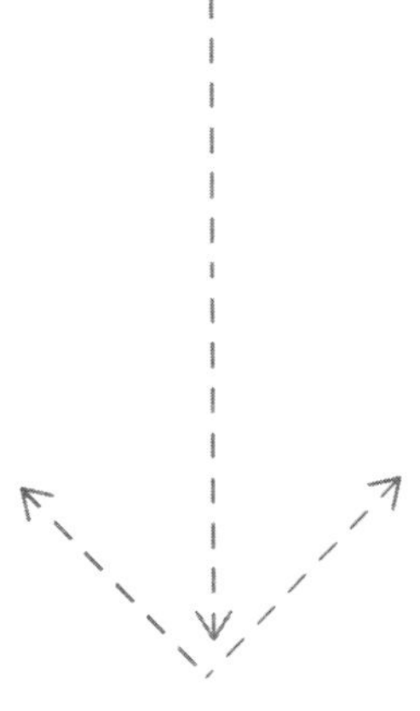

莱布尼茨：一个和牛顿相抗衡的天才人物

在欧洲，英国一直和欧洲大陆处于一种若即若离的关系，虽然同为欧洲国家，但是英国的发展与欧洲大陆其他国家诸如德国、法国有很大的不同，英吉利海峡的间隔让英国或多或少地保持了自己的风格，在很多问题上，英国并没有和欧洲大陆国家保持统一步伐。在近代发展史上，英国一度成了欧洲乃至世界发展的领头羊，在科学领域，英国曾牢牢占据领先地位，但是在数学领域，因为一次争端导致英国长期与欧洲大陆隔离，并直接影响了英国数学的发展，而这次争端的核心人物之一就是莱布尼茨。

莱布尼茨是一个罕见的天才，对哲学、语言学、音乐、文学、历史都有涉猎，在听说大学教授讲述欧几里得的《几何原本》后，他对数学产生了浓厚的兴趣。1667 年 2 月，他获得博士学位后直接在外交部门任职，获得了更多的机会走出国门，前往欧洲其他国家并接触这些国家的文化，这时候他对数学方面的一些重大课题产生了浓厚的兴趣。有一次，他在阅读法国数学家帕斯卡的一篇论文时产生了灵感，意识到不规则面积的求和与变化率的求差运算是可逆的，而这成了他发明微积分的关键点。接下来他花费了5年时间完成了研究和创建微积分的主要工作。莱布尼茨早在1684年就发表了微积分的相关著作和论文，文章的名字很长很怪——《一种求极大极小和切线的新方法，它也适用于分式和无理量，以及这种新方法的奇妙类型的计算》。虽然文章的名字几乎让人抓狂，文章内容的一些说理和思想也有些含糊其词，但数学界已经意识到其中具备的划时代的意义。

1699年年初，英国皇家学会的成员们对莱布尼茨提出指控，认为他偷窃了牛顿的数学成果，因为他们发现早在1673年到1675年，两个人就微积分问题通过信件。两年之后，争论全面爆发。英国皇家学会直接宣称牛顿才是微积分的发现者，莱布尼茨只是一个欺世盗名的骗子，紧接着英国和欧洲大陆之间划了一条界限，双方的数学家长期对立，而这样做的结果就是英国数学至少落后了欧洲大陆100年。

这样的争论并没有太大的意义，如今从两个人的书稿以及论文来看，牛顿和莱布尼茨都是独立发现微积分的。尽管牛顿认为自己的研究成果早出现几年，但是直到1704年，他才给出了完整的描述。此外，莱布尼茨还完整地记录了思想发展和成熟的历程。

学术界认定莱布尼茨研究的合法性和独立性，确定莱布尼茨享有发现微积分的地位和荣耀，最终数学界认为他完全可以和牛顿共享殊荣。需要注意的是，牛顿发明微积分时更加注重于创立一个体系和基本方法，而莱布尼茨更加关心的是运算公式的建立和推广，成为一种能够运用于一般函数的普遍方法，它更具有启发性。不仅如此，莱布尼茨发明的微积分已经含有现代微分符号和基本的微分法则，这些符号远远优于牛顿发现的符号，现代数学中的微积分符号就使用了莱布尼茨的版本。

作为当时最出色的数学家之一，莱布尼茨一直希望能够建立科学院，真正传播科学以及科学精神。他四处游说，也受到了欧洲皇室的欢迎，比如他曾游说国王建立柏林科学院，最终如愿。而在游说维也纳皇室时也获得了成功，维也纳皇帝授予莱布尼茨帝国顾问头衔，邀请他指导建立科学院；俄国的彼得大帝在前往欧洲旅行时，也听取了他的建议，彼得大帝给了莱布尼茨科学宫廷顾问的职位。据说他曾通过到中国传教的传教士，建议清朝的康熙皇帝也在北京城建立科学院。

这位为科学奉献一生的伟人，虽然和牛顿争论并抗衡了很长一段时间，但其实他和牛顿之间拥有很多的共同点，他们都研究微积分，都在其他领域出类拔萃，而且两个人一生都没有结婚。虽然，牛顿堪称古往今来最伟大的科学家，但是仅仅在数学领域，莱布尼茨的成就与地位并不比牛顿低，在很多方面，他比牛顿做得还要更加出色一些。

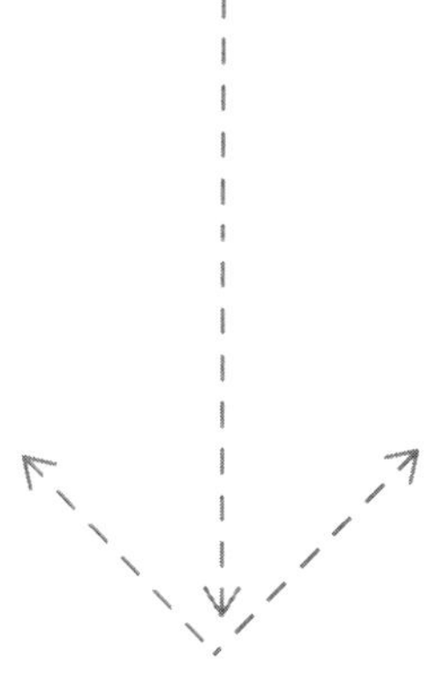

布鲁克·泰勒：一个经历两次丧妻之痛的天才

1715 年，一位年轻的数学家发表了《正的和反的增量方法》一书，在书中，他开创了一个重要的数学分支，那就是有限差分方法。有限差分方法是一种微分方程数值方法，主要通过有限差分来近似导数，以便寻求微分方程的近似解。微分方程的定解问题往往和空间边界以及时间边界有关，在此之前，无论是哪一种定解问题，都不具备解析解，或者说这种解析解不容易获得，而有限差分方法就是一种微分方程的数值解法，它有效解决了这些问题。

提出这个有限差分方法的就是英国著名数学家布鲁克·泰勒，他和牛顿是非常要好的朋友，他曾经加入了判决牛顿和莱布尼茨有关微积分发明权的案子当中，成了宣判这一案件的仲裁委员会的成员之一。在数学上，他的很多研究也受到了牛顿的影响，并成了 18 世纪早期英国牛顿学派最优秀的代表人物之一，但他在微分上的研究却和莱布尼茨更为接近。德国数学家克莱因曾经客观地作出评价："泰勒实际上是用无穷小（微分）进行运算，同莱布尼茨一样认为其中没有什么问题，有意思的是，一个20多岁的年轻人在牛顿的眼皮子底下，却离开了他的极限方法。"

运用这个方法，泰勒提出了一个非常重要的定理——泰勒定理，几乎改变了微积分的发展历程。但是泰勒定理最初并未引起人们的关注，直到1755年，欧拉率先将这一定理运用到微分学研究当中，这才意识到它的巨大价值。稍后的拉格朗日也对这个定理非常推崇，他甚至认为泰勒定理就是微积分的基本定理。经过后世数学家的证明和推广，泰勒的历史地位才开始被确定下来。

在学术界，泰勒的成就非常大，但是在生活当中，他遭遇了各种不顺。虽然历史上有许多数学家的生活都很悲惨，但像泰勒那样接二连三地被同样一件不幸的事情击中的人似乎并不多见。作为一个非常有主见的人，泰勒一直和父亲存在矛盾和冲突，在婚姻上，他曾经违背父亲的意志，坚决和一个没有财产的女性结婚，这让父亲怒火中烧，甚至以断绝父子关系作为威胁，但是泰勒根本不为所动，他毅然离开了家庭，陪在妻子身边。可是没过多久，妻子在难产中死去，孩子也没能够保住。心灰意冷的泰勒回到家中，向父亲妥协，并在父亲的首肯下与第二任妻子结婚，尽管婚姻生活很幸福，但是同样的悲剧再次上演，第二任妻子也在生产中不幸去世，幸运的是，泰勒这一次盼来了一个健康出生的女儿，这成了他家庭生活中为数不多的一点慰藉。但是由于深受两任妻子死亡的刺激，身体一直不太好的泰勒在女儿出生的第二年就撒手人寰，享年45岁。

泰勒的死一度是英国的重大损失，在牛顿之后，他们迫切需要寻找一位出色的数学领导者，而事实上泰勒也不负众望，这位伟大的数学家在数学的很多方面都有重要的创造，只不过他的写作风格过于简洁，以至于很多重要概念根本无法被同一时代的人所了解，这也限制了他的学说和理论被迅速推广，并导致这些成果无法获得更高评价。

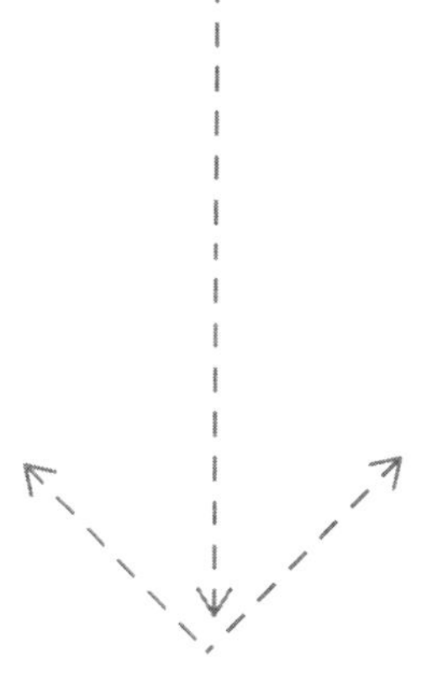

将自己死亡时间计算出来的天才数学家棣莫弗

许多卜算大师以及算命先生会经常给人算命，通过人的生辰八字、面相吉凶来推断一个人死亡的大致时间，这些占卜学说和行为通常都带有迷信色彩和欺骗色彩。但是在欧洲，有一位杰出的数学家据说运用相关的数学知识，成功推断出了自己确切的死亡时间，让人感到匪夷所思，这个身上带有神秘色彩的数学家就是概率论大师亚伯拉罕・棣莫弗。

亚伯拉罕・棣莫弗是法国著名的数学家，他出生在一个乡村医生家庭，父亲是医生，但棣莫弗却对数学产生了兴趣。在当地一所教会学校念书时，他对于里面所学的宗教内容丝毫不感兴趣，而是偷偷学习数学。那个时候，他读到了惠更斯的《论赌博中的机会》一书，很快就痴迷上了这本书，而这也为他日后在概率论方面的研究奠定了基础。

1684 年，他认识了数学教育家奥扎拉姆，并在对方的鼓励下开始系统地学习《几何原本》和其他一些重要的数学著作。但不久之后，他因为参加了宗教骚乱活动被监禁起来，从监狱被释放之后，他就跟随其他学者移居到了英国。

到了英国，他迷上了牛顿的《自然哲学的数学原理》，那个时候他一边打工挣钱，一边阅读牛顿的书籍，生活非常充实。1692 年，他发表了名为《论牛顿的流数原理》的论文，引起学术界的关注。后来他依据早年从《论赌博中的机会》这本书中获得的灵感积累写出了《机会的学说》，这是一本讲述概率问题的数学著作，并成功吸引了牛顿的注意。据说牛顿的很多学生曾经向他请教概率问题，牛顿总是非常谦虚地说："这样的问题应该去找棣莫弗，他对这些问题的研究比我深入得多。"

尽管在概率论方面取得了很大的成就，但是棣莫弗一生都在清贫中度过，学术研究并没有让他的生活变得更好，给孩子们讲课也是收入微薄，因为穷，他终生未婚。而在 87 岁的时候，他又患上了嗜睡症，据说当时棣莫弗已经发现了身体上的变化，他运用概率知识进行了计算，意识到自己将很快去世，所以他每天都给自己增加了 15 分钟的睡眠时间，因为他发现每天需要比前一天多睡 15 分钟，那么各天睡眠时间将构成一个算术级数，而到了 1754 年 11 月 27 日这天，每天增加的 15 分钟刚好凑成了 24 小时的睡眠时间，这就意味着在这一天他会长睡不醒。结果，到了 11 月 27 日，他再也没有从睡梦中醒过来。

这件事让棣莫弗的身上多了一层神秘的气质，而他所研究的概率论却实实在在是一门科学，里面涉及的数学内容和数学计算问题都非常重要，他有关概率论方面的著作也为后世概率论的发展做出了很大的贡献。

Chapter 5

第五章

西方数学发展史上的英雄时代

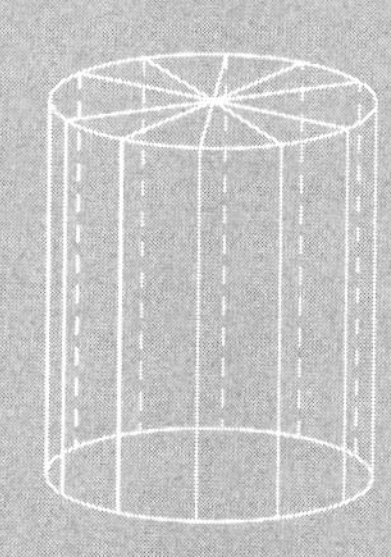

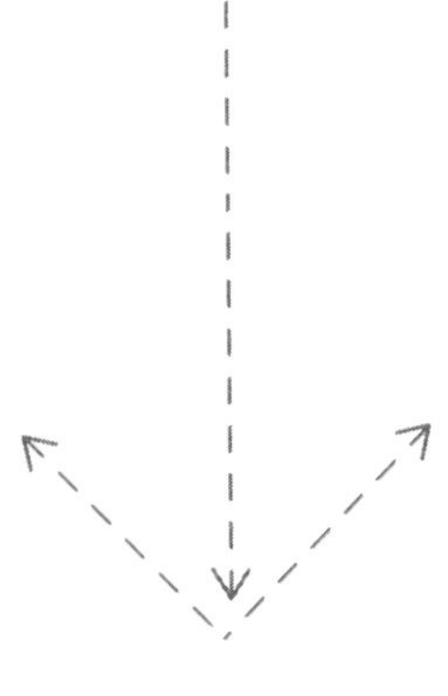

被数学家父亲打压的丹尼尔·伯努利

在数学发展史上，有一个非常重要的家族，它产生了数位顶级数学家，这些家族成员都为数学的发展做出了重要的贡献，这就是著名的伯努利家族。而在这个家族中，最出名的就是丹尼尔·伯努利。

丹尼尔出生在一个数学家庭，父亲约翰·伯努利是数学教授，还是当时非常有名的数学家，但父亲在明知道儿子有数学天赋的情况下，一直打击儿子的自信，让他远离数学。许多人很奇怪，为什么父亲会限制儿子的发展呢？其实这要从父亲约翰和伯父雅各布说起。约翰从小就喜欢数学，但是他的父亲老伯努利并不同意儿子接触数学，所以约翰一直偷偷跟着哥哥雅各布学习数学，不久之后他的数学才能超过了雅各布，这让雅各布觉得脸上无光，两个人开始在数学领域以及生活中明争暗斗，最终约翰胜出。

在数学上取得很大成果的约翰似乎中了这个家族的诅咒一样，阻止更聪明的小儿子学习数学，他隐约感觉到这个儿子有朝一日会超越自己，于是强烈要求儿子去当商业学徒，最好变成一个商人。但丹尼尔天生就不是这块料，所以父亲又改让他学医，虽然丹尼尔经过学习拿到了医学博士学位，但他的天赋始终还是在数学层面。

1724 年的时候，丹尼尔在威尼斯旅行期间，写出了《数学的练习》这本书，很快引起了数学界的关注。他后来和哥哥尼古拉一同获得邀请，前往彼得堡科学院工作，这一时期的丹尼尔声名赫赫，连数学家欧拉（约翰的得意弟子）也只能成为他的助手。在数学生涯中，丹尼尔最大的功绩在于将微积分以及微分方程运用在物理学当中，并在概率论方面取得了不错的成就。而约翰最终没能限制住丹尼尔的发展，或者说他没有像打败雅各布一样打败自己这个聪明的儿子，所以这位在数学中取得了辉煌成就，并且培养了欧拉、克莱姆、洛必达等多位顶级数学家的父亲，干脆在挫败中选择了与丹尼尔断绝父子关系。

丹尼尔是一个天才，除了数学之外，他在流体力学、物体振动和摆动方面也取得了很高的成就，在医学方面也有很独到的见解，正因如此，他几乎成了各大奖项的常客，其获奖的数量几乎可以和后来成长为大数学家的欧拉相提并论。尽管和父亲决裂，但这并不影响他的名声，欧洲学者们都非常推崇他，欧洲各国的科学院也积极邀请他成为内部的会员。

关于丹尼尔的威名，据说有这样一个故事：有一次，他在旅途中与陌生人闲谈，相互熟络之后，丹尼尔做了自我介绍：“我是丹尼尔·伯努利。”没想到对方觉得他在吹牛，毕竟丹尼尔·伯努利是那个时代顶级的数学家之一，所以陌生人不无讽刺地说："那我就是艾萨克·牛顿。"丹尼尔听了并不生气，反而为自己获得的重大名声而感到欣慰。而这个故事或许就是当时丹尼尔在欧洲名望的最佳注解。

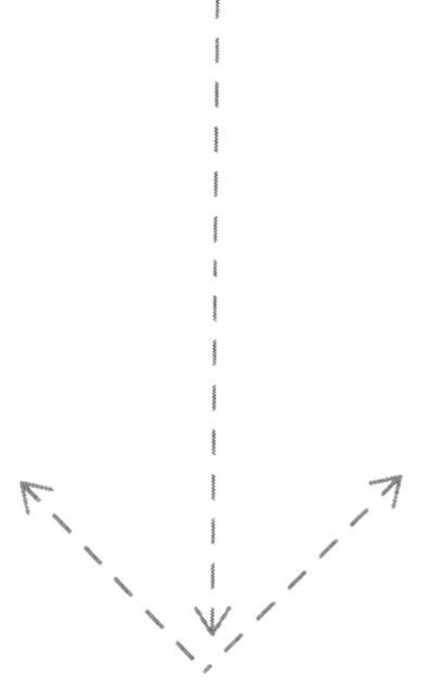

数学之王莱昂哈德·欧拉

在谈到数学发展史时，绝对绕不开一个重要的数学家：欧拉。欧拉是瑞士著名的数学家，也是整个数学史上最出色的数学家之一，能和他比肩的数学家可能一只手就能数过来。欧拉是一个不折不扣的天才，他在不满 10 岁的时候就开始自学《代数学》，这让教授他学业的老师都感到有些惊讶和难堪，因为就连他们也没有阅读和学习过这本书，况且学校当时也没有老师教授数学。那个时候的欧拉如饥似渴，将自己不懂的地方全部用笔圈出来，然后向那些数学知识丰富的大学生求教。

这种肉眼可见的天赋当然不会被他浪费掉，到了 1720 年，13 岁的欧拉就已经考上了巴塞尔大学，作为全国大学里年龄最小的学生，欧拉轰动了整个欧洲。当时他师从大数学家约翰·伯努利，据说当时约翰·伯努利向欧拉的父亲打赌说这个孩子将来一定会成为欧洲最出色的数学家之一，他打算亲自教授欧拉数学知识。虽然约翰在处理家庭关系方面的手段不怎么高明，但是在教育学生方面堪称历史级别的导师，他的学生中出现了好几位顶级数学家，欧拉就是其中之一。

没过多久，约翰·伯努利和丹尼尔·伯努利亲自向俄国举荐欧拉，欧拉最终前往彼得堡科学院工作，虽然是丹尼尔的助手，但是欧拉展示出了自己非常成熟的数学思想，而且在这里，他得以和当时最出色的欧洲数学家合作，为自己在数学领域的发展奠定了良好的基础。1741 年，他前往柏林科学院就职，这段时间是他创作的高峰期，生平最重要的两部作品《无穷小分析引论》《微积分概论》就是在柏林科学院完成的。在之后的很长一段时间里，欧拉一直都在为数学界输出高质量的作品。

1771 年，一场大火烧掉了欧拉在彼得堡科学院的房子，当时几乎失明的欧拉虽然被人救了出来，但是他的研究成果也付之一炬。接下来，他依靠着超强的记忆力和强大的心算能力在黑板上写出自己推导出来的数学公式，并且口述给自己的儿子和学生，让他们做笔录。这项工作持续了 17 年之久，使他的研究成果得以流传下来。

作为一个多产的数学家，他平均每年要写出八百多页的论文，还编写了大量的数学课本，像《无穷小分析引论》《微分学原理》《积分学原理》都是数学界最经典的著作。据说他一生中写了 886 本书籍和论文，其中 52% 的作品都和数学有关。可以说他在很多数学分支中都有突出的成果，初等几何中的欧拉线，多面体中的欧拉定理，立体解析几何的欧拉变换公式，四次方程的欧拉解法，数论中的欧拉函数，微分方程中的欧拉方程，他还在级数论、变分学、复变函数等领域做出重要贡献，可以说为整个数学的发展做出了重大贡献。在他去世之后，彼得堡科学院曾经整理他的作品，结果整整忙碌了47年才全部厘清。也正因如此，法国数学家拉普拉斯认为欧拉是所有人的老师，人们值得阅读他的著作。数学家高斯则强调“研究欧拉的著作永远是了解数学的最好方法”。而更多的人给了他一个尊贵的称呼：“数学之王”。

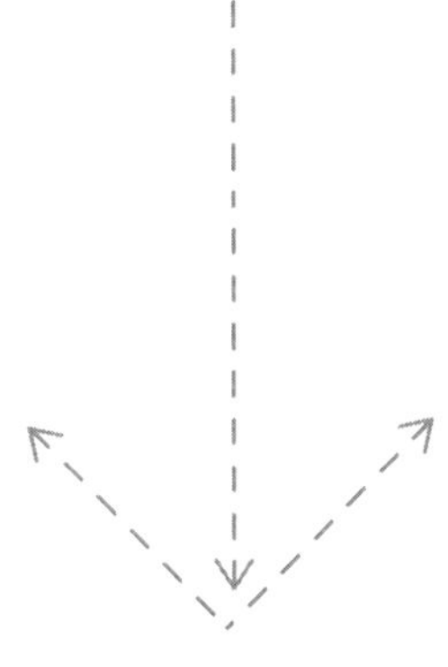

被誉为18世纪欧洲最伟大的数学家拉格朗日

在18世纪，欧洲涌现出了许多杰出的数学天才，在这些数学家当中，有一个人的名字一直熠熠生辉，无论是在18世纪，还是在现代的舆论和评价中，人们都不会在评选“18世纪最伟大数学家”的榜单上忽视这个名字，这个人就是大名鼎鼎的拉格朗日。

拉格朗日出生在一个富裕的家庭，作为家中的长子，父亲满心欢喜地希望拉格朗日学习法律，将来当一个律师。可是拉格朗日并不喜欢法律，而是迷上了文学，在此期间，拉格朗日虽然也曾师从一位数学家学习几何学，但他在举手投足之间看起来更像一个文艺青年。到了17岁的时候，拉格朗日偶然间读到了一本关于介绍牛顿微积分成就的短文《论分析方法的优点》，在这一刻，他彻底迷上了分析，并意识到“分析才是自己最热爱的学科”，在这种强烈的兴趣下，他全身心投入分析当中。在当时的社会环境中，分析学和几何都与力学息息相关，两者都被当成力学的研究工具而缺乏独立性，拉格朗日则希望分析学可以保持独立。

有一点很重要，当时的欧洲因为牛顿和莱布尼茨的纷争而分成两个学派，其中英国坚持牛顿提倡的几何方法，而欧洲大陆认同莱布尼茨的分析方法，双方各行其道，谁也不肯让步。拉格朗日则在数学分析领域孜孜不倦地挖掘未知的宝藏。

在 18 岁的时候，他曾经运用牛顿二项式定理来处理两函数乘积的高阶微商，并将自己的研究成果寄给了大数学家欧拉，却不料欧拉的回信给他泼了一盆冷水，原来早在半个世纪以前，莱布尼茨就解决了这个问题。这个打击并没有让他灰心丧气，而是坚定了他在数学分析领域的信心和决心。

第二年，他以欧拉的思路和成果来探讨数学中的“等周问题”，并使用了纯分析的方法来研究极大极小的问题。当时他还将自己的成果写信告诉欧拉，欧拉对此给予了很高的评价。从成就上来说，虽然欧拉开创了变分法，但是拉格朗日为欧拉创立的变分法提供了理论基础，可以说两个人在相互成就。在那之后，两个人开始频繁地互相通信，讨论这些问题，并最终诞生了一个新的数学分支——变分法。这一成就使得拉格朗日声名大振，并一跃成了当时欧洲第一流的数学家。

30 岁的时候，德国的腓特烈大帝赞赏拉格朗日是欧洲最伟大的数学家，并邀请他前往普鲁士科学院担任数学部主任。在这里工作期间，他对代数、数论、微分方程、变分法等数学知识进行了广泛而深入的研究，并推导出了一个重要结论：用代数运算一般 N 次方程是不可能的。许多人只关注拉格朗日在力学和天文学方面的成就，其实他在数学领域的成就也非常高，并直接影响了力学的发展。比如他最重要的著作《论不定分析》，虽然这是一部讲述力学的作品，但是在书中，他运用数学知识尤其是变分原理和方程，将固体力学和流体力学和谐地统一在了一起，并构建了现代力学的基础。

更重要的是，他在很多数学分析领域内的成果几乎影响和引领了之后 100 年的数学发展，在那之后 100 年时间的数学研究工作或多或少都可以追溯到拉格朗日的成就上来。也正因如此，他在分析数学领域内的影响和地位几乎无人能够匹敌。

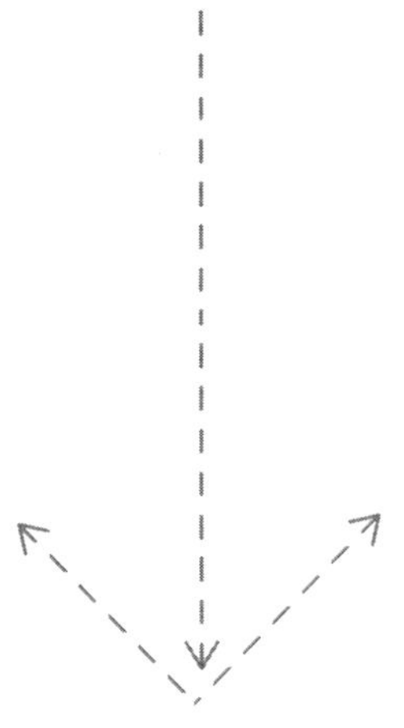

画法几何学之父加斯帕尔·蒙日

想要学好几何学，有一点很重要，那就是要具备强大的空间感，尤其是在学习一些复杂几何学的时候，如果没有在空间上产生明确的认知，那么很容易导致思维的混乱。而在数学史上，有一位数学家拥有强大的几何空间感，而且能够将复杂的空间关系以更加形象化的方式描述出来，这就是创立了画法几何学的著名数学家加斯帕尔·蒙日。

加斯帕尔·蒙日出生于法国，家庭贫困，父亲是一个磨刀人，也经常贩卖一些小物件补贴家用，但是父亲非常重视对儿子的教育，辛辛苦苦供养了三个儿子上学，在他看来，只有让孩子们接受更好的教育，才能让孩子们摆脱和他一样的命运。蒙日也非常争气，几乎每一次考试都是第一名，校方也以拥有这样的学生为荣。

在所有的学科中，蒙日对几何学非常痴迷，并且拥有非凡的才华和创造力，他经常会运用自己的几何知识制造一些复杂的工具。比如在

14 岁的时候，他竟然在没有任何参考模型的情况下制造出一架灭火机。许多人都很疑惑他是怎么做到的，而蒙日说了一句非常有名的话：“我有两个不会出错的成功方法，一个是坚持到底，一个是以几何的精确性说明我的思想的手指。”

在那之后，他经常动手制作测量工具，还描绘了一幅地方上的测绘地图，并因此被举荐进入皇家军事工程学院深造。当时为了设计出一种能够全部隐藏在敌人炮火之下的防御工事，他创立了画法几何学，直接避开了常用的繁冗的几何计算方式，而是采取几何图解的方法，更加高效、直观地画出了防御工事图，而那个时候他只有 22 岁。

这个创举一开始并没有引起足够的重视，等到高层领导发现其中的奥妙时，忍不住拍手称赞，因为按照这样的方式，人们在建造各种工事和建筑时，再不用担心因为计算失误而导致建造好的工事被拆毁重造，只要有了蒙日的画法，在图纸上就可以提前对工事的合理性进行验证。

在之后的 15 年时间里，蒙日留在了皇家军事工程学院教授画法几何学，而这一切都是对外保密的，即便后来离开这所学校，他依然孜孜不倦地继续完善自己的学说和研究，将自己的成果不断进行整理，并且毫无保留地将所学知识传授给更多的人，但这些依然是保密的。直到 1798 年，由于学生们对画法几何学非常痴迷，他们一再呼吁取消保密禁令，这个时候关于画法几何学的相关知识才被整理成为《画法几何学》一书，并且公开出版和发售。

依靠着自己强大的空间理解能力，蒙日出色而巧妙地将三维空间中的立体图形直接以二维平面图形来表示。有人曾经做过一个精彩的描述：

蒙日打开了一本书，一半水平放置，另一半垂直立着，书本打开的幅度为直角，这个时候书中所有的知识和图案全部投射在横竖两个平面上。当垂直的那一半书籍也平放之后，空间立体的图形就由原先的两个投影画在同一个平面上了。简单来说，画法几何学的核心就是将三维空间的东西通过同一平面的两幅平面图形表达出来。

《画法几何学》公开发售之后，很快传播到其他国家，不仅推动了各国的几何学发展，而且直接带动了工业的发展，而正是因为有了画法几何学，19 世纪才能大规模地出现机器制造，否则人类工业化时代可能还要推迟很久。

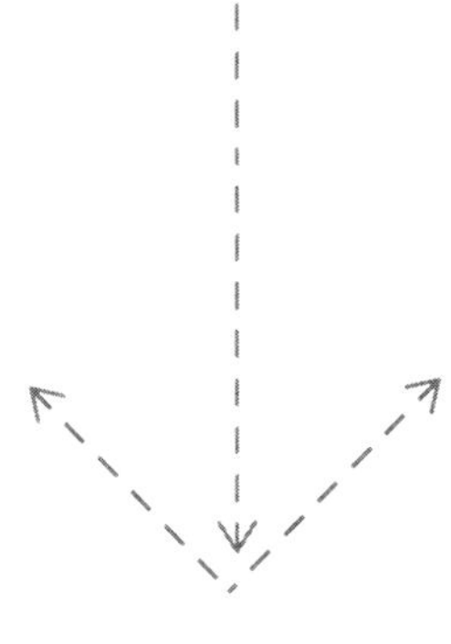

把上帝赶出宇宙的拉普拉斯

在法国数学史上，有一个人的名字经常被人忽略，尽管他在数学领域以及天体力学领域取得了非凡的成就，但是在很多时候，人们还是会选择性地将其排除在18世纪和19世纪顶级数学家的行列之外。而实际上，他的很多数学成就都要超出同时代的数学家，而且他还是法兰西帝国缔造者拿破仑的老师，仅凭这一点，他的地位就让很多数学家望尘莫及。

这个数学家就是拉普拉斯，1749年出生于诺曼底。据说他的家庭非常贫困（还有一种说法是他的父亲是农场主），但真正的困难在于，他所处的年代始终动荡不安，革命、战争以及复辟始终没有消停过，就是在这样的环境下他依然能够继续自己的数学研究，这为他在数学领域取得突破打下了坚实的基础。

拉普拉斯是一个数学天才，在19岁的时候，由于写了一篇关于有限差分的论文，数学老师写了一封推荐信，让他去寻找当时巴黎科学院的负责人达朗贝尔。可是达朗贝尔对这个走后门的年轻人根本就没有当一回事，他拒绝接见拉普拉斯。好在拉普拉斯没有放弃，他给对方寄去了一篇自己写的有关力学的论文，这一下达朗贝尔被震惊了，于是在回信中说了这样一番话："拉普拉斯先生，你看，我几乎没有注意你那些推荐信；你不需要什么推荐，你已经更好地介绍了自己，对我来说这就够了，你应该得到支持。"在得到贵人相助之后，拉普拉斯开始走上人生巅峰。

1812年，拉普拉斯发表了重要的《概率的分析理论》一书，在书中，他总结了前人在概率论方面的研究，讨论了概率论在现实生活中的应用，然后结合自己的思想和研究成果，形成了一套比较完善的概率分析理论。除此之外，他还发表了另外一部著作《概率的解析理论》，按照他的说法，他写这本书的目的很简单，就是为了想办法在一些生活的概率计算中把握规律。在这本书中，他将很多原本非常高深的数学工具熟练运用，完全展示出了数学大师的风范。

在数学领域，他创立了求解常微分方程的拉普拉斯变换，还在有限差分方法、概率论、微分方程、最小二乘法、代数学等多个领域内有着突出的贡献。他是一位多产的数学家，对于数学的发展影响深远。

而除了数学之外，他在天体力学方面也雄心勃勃，研究的方向很广，其中研究的一个重要问题就是太阳系是如何形成的。按照古人的思维，宇宙就是上帝创造的，太阳也是上帝创造出来的，在相关的宇宙知识中，都是假设上帝创造了宇宙。而德国哲学家康德却提出了太阳系形成的假说，他认为太阳系是一团星云形成的，而普拉斯则是这个假设的拥趸，他运用严密的数学推理证明了这个学说是完全科学的。拿破仑曾经问拉普拉斯为什么他的学说中没有上帝的存在时，这位数学家非常自豪地说："我不需要那个假设。"1796年的时候，他发表了《宇宙体系论》，成了"星云假说"的奠基人。

许多人都认为拉普拉斯是一个狂人，但事实上依靠着他在数学以及天体力学方面的成就，他是有足够的底气去展示自己的能力和自信的。

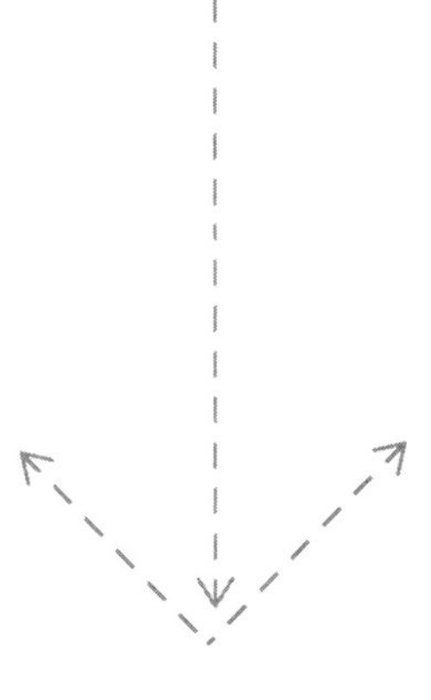

放弃当官的数学家傅里叶

在过去，许多顶级数学家都会受到欧洲皇室的重用，要么谋得一个官职，要么成为科学院的负责人或者成员，通常来说，与君主或者皇室建立关系有助于帮助数学家获得更好的数学研究条件，也有助于提升他们的威望。但有一个人却不喜欢当官，为了更好地投入数学研究当中，他直接选择了辞官，这个人就是法国著名数学家傅里叶。

傅里叶出生在一个裁缝家庭，但是由于从小就父母双亡，他被教堂收养，并被送入地方的军事学校上学。他在学生时代就展现出了一定的数学天赋，但他的精彩人生并不是从数学开始的，而是从政治开始的。

傅里叶是一个能力很强的人，他曾跟随拿破仑远征埃及，并且因为表现出众而受到赏识。战争结束后，他原本想回到大学授课，并且研究数学，但拿破仑觉得他当一个教员有些可惜了，于是就任命他担任地方的高级官员。傅里叶也没有辜负拿破仑的期望，很快就将地方上的相关事务整顿得井井有条，1808 年，拿破仑又授予他男爵爵位。

本来一切都好好的，可是有一天傅里叶却发现当官的生活并没有让自己快乐起来，所以他在 1815 年辞去爵位和官职，全身心投入数学研究当中。不过没有了工作，他的生活过得非常艰难，但是由于当时拉普拉斯非常欣赏傅里叶，并且将其推荐到科学院当中，在那之后的几年时间里，傅里叶有着更加稳定的生活和良好的研究环境，于是很快在数学领域获得了惊人的成就。

傅里叶非常喜欢热，也极度痴迷热学，在热传导方面做出了卓越的贡献。据说他一直坚信热可以治疗百病，并且在生病之后将门窗紧闭，并且将自己包裹起来，坐在火炉边烤，要知道当时正值夏天，室内的高温可想而知，结果傅里叶被活活热死。这当然只是一个谣传，但通过这个谣传，足以体现出他对热学的重视和痴迷。

1822 年，他在研究热的传播时，为了求解热传导方程，意外发现利用三角函数的级数形式可以表示解函数，从而提出了任一函数都可以展成三角函数的无穷级数这样的理论，这就是著名的傅里叶级数理论，它是针对周期型函数的，而为了处理非周期函数，后来他又推导出了著名的傅里叶变换。

其实，早在 1807 年，傅里叶就提出了类似的观点，不过，他的论文并没有受到法国科学院的重视，或许当时根本就没有人能够看懂这些论文，又或者他们根本看不上傅里叶这样的人。可是到了 1822 年，傅里叶成了科学院的终身秘书，地位非常高，这个时候，他提出来的理论才被大家重视起来。后来经过高斯等人的应用，这一成果迅速成了数学领域的瑰宝，傅里叶得以名垂青史。

现代数学发现，傅里叶变换非常好用，具有很强的共通性和普遍性，在物理学、海洋学、结构动力学、电子科学、密码学、数论、信号处理、概率论、组合数学、光学、统计学等诸多领域都有着广泛的应用空间。

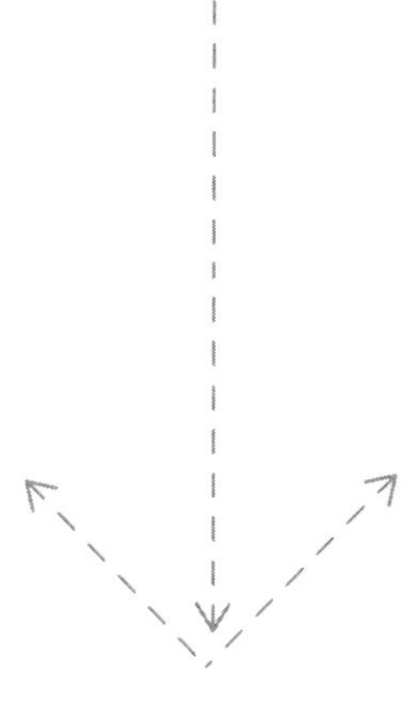

纯粹数学的天才数学家高斯

在数学发展史上，有很多出色的数学家，他们在各个时期、各个数学领域内做出了重大的贡献，不过在这些伟大人物中间，有一个人的名字总是不可忽略，几乎在每一次有关“最伟大数学家”的评选中，他都绝对榜上有名，这个人就是高斯。

高斯的名字很长，全名叫作约翰·卡尔·弗里德里希·高斯。迄今为止，世界上仍旧流传着很多关于他的传奇故事，比如他在 3 岁的时候已经能够运用心算准确地指出父亲账目计算中的问题，并帮助父亲及时纠正错误。10 岁的时候，在课堂上就可以快速地算出 1+2+3+4+5+…+100 的答案是 5050，从容应对老师的刁难。这些故事都从侧面反映出了高斯过人的数学天赋。

这种天赋在高斯一生中非常重要。和其他顶级数学家不同的是，高斯并不是出生在数学家庭，也没有什么显赫的家世和富足的生活条件，他的祖父是农民，父亲是卑微的泥水匠，母亲也是石匠的女儿，在这样的家庭中出生，也许高斯的命运更应该是成为农民或者泥水匠一类的人物，他的父母大概也从来没有想过儿子长大后会成为数学家。但是依靠着在数学方面的敏锐和天赋，高斯成功地为自己寻找到了未来更加光明的发展方向，并且支撑他创造了无数的辉煌，尽管很多数学家也有创造力和天赋，但是很少有人像高斯一样如此出众。

而除了天赋之外，还有一点非常重要，那就是高斯是数学史上非常罕见的对数学从一而终的数学家，数学尤其是数论成了他心中最大的信仰。许多著名的科学家和数学家在研究数学后期都会因为遭遇困难而选择相信哲学和宗教，又或者他们会借助这些东西来完成自己的数学探索，像牛顿、笛卡儿、帕斯卡、莱布尼茨在生涯后期或多或少都和宗教扯上关系，而高斯并没有被外界的环境以及其他东西所干扰，他心中有着最本质、最纯粹的数学——数论。

毕达哥拉斯学派曾经推崇数论，他们侧重于研究自然数的性质和相互之间的关系，从那个时候起数论就披上了神秘的外衣。作为纯粹数学的重要分支，数论一直受到数学家的青睐，而高斯也是数论和自然数的忠实拥趸，他在研究数论的过程中表现出了前所未有的激情和狂热。

不过数论在很长一段时间内都是几何学领域的重要内容，而高斯则运用分析方法开辟了数论研究的全新时代，其中的一些研究直接催生出了代数数论，这些成就在整个数学发展史上都起着至关重要的作用。

高斯是一位高产的数学家，在数论、代数、微分几何、统计以及分析领域都取得了优秀的成绩，仅仅以高斯命名的成果就多达 110 个，这在所有数学家当中是最多的，即便最了解他的人，也很难将这些伟大成就全部罗列出来。毫不夸张地说，在之后的数学分支里，人们几乎都能够看见他的成果感受到他的影响力，他也因为在数学领域的伟大成就被誉为“数学王子”和“最重要的数学家”。

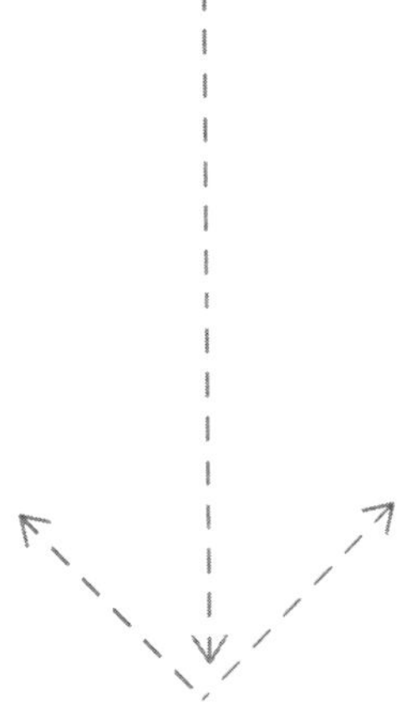

数学家柯西与第二次数学危机

微积分是数学当中非常重要的一个分支，它的存在使得整个数学的相关内容得以完善。比如希腊人认为无穷小是不存在的，但在17世纪，牛顿和莱布尼茨证明了无穷小的存在，并给出了演算的方式，通过微分法和积分法的运算以及彼此之间的互逆运算解决了许多数学问题。

关于微积分的发明权，牛顿和莱布尼茨，英国数学界和欧洲大陆数学界之间的争论一直没有停止过，这一度让欧洲数学面临严重的分裂，但一个更为严重的问题慢慢浮出水面，那就是一些数学家在分析微积分时，却发现了其中的一些缺点。当时，以柯西为首的法国科学院数学家在认真研究之后，发现无论是牛顿还是莱布尼茨的学说都存在缺陷，如果这些缺陷和漏洞不解决的话，那么微积分也根本不成立。当大家都在认为微积分可以成为数学领域重要的工具时，却出现了这样的问题。很多人都在争论，无穷小究竟是不是就等于0，无穷小的相关分析是否合理，数学界和哲学界为此争吵了一个半世纪，第二次数学危机轰轰烈烈地展开，好不容易建立起来的微积分岌岌可危。

为了解决这些问题，批评者们很快建立了极限理论。其中法国数学家柯西在 1821 年的《代数方程教学》中强调了一点：函数不一定要有解析表达方式，无穷大和无穷小都只是变量，其中无穷小只是一个以 0 为极限的变量。他的研究对于微积分的完善和成熟起到了很大的帮助，《代数分析教程》以及之后的《无穷小分析教程概要》，都成了划时代的著作。

柯西出生在一个富裕家庭，父亲是法国参议员，在早年的时期，他就因为父亲的关系认识了同样是参议员的拉格朗日和拉普拉斯，这两位都是名重一时的大数学家。聪明的柯西很快赢得了他们的赞赏，他们认为柯西将来必定会成为一个大数学家。但柯西的父亲认为孩子想要学好数学，首先一定要学习好文科，因此柯西最终去学习了拉丁文和希腊文。

但是柯西很快就对数学着迷，还积极研究当时一些大数学家的数学理论，并且在多面体、积分、多角形数方面取得了重大成果，当然最重要的还是在微积分领域。他通过多年的研究，提出了极限的定义，为微积分的存在奠定了理论基础，他对于微积分概念的定义非常清晰，这为后世数学家继续完善微积分做出了重大贡献。

不过柯西也是一个充满争议的人物。阿贝尔和伽罗瓦这两位年轻的数学家曾经在五次方程的研究领域取得重大突破，但是他们的研究被柯西直接忽视了，而且脾气怪异的柯西与同一时代的很多数学同僚关系紧张，这也让他的声望受到了一些损害，但是这些并不妨碍他在数学领域内获得的巨大成就，尤其是他对解决数学第二次危机起到了关键的作用，确保了微积分这一数学分支得以发展壮大起来。

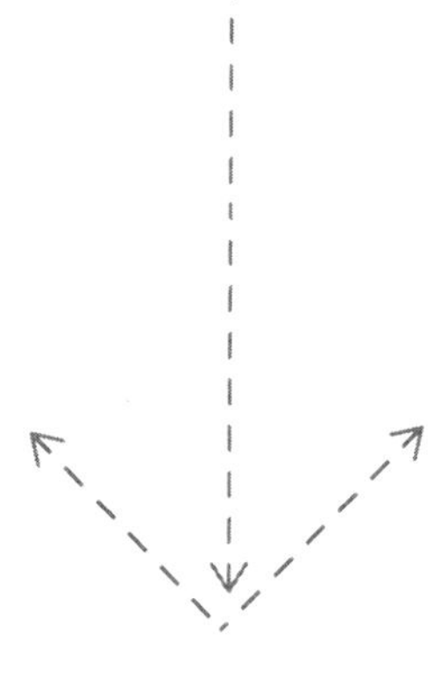

怀才不遇的阿贝尔

在数学研究的历史上，有很多数学家在少年时代和青年时代就表现出了过人的天赋，展示出具备顶级数学家的潜质，甚至有些人很早就开始获得成功，在数学界留下深刻的印记。有一些数学家则属于大器晚成型的，他们的成名之路比较坎坷，在自己的思想、学说和研究成果获得数学界认可的时候，往往已经人到中年或老年，但是他们仍然是幸运的，因为自己的坚持，生前最终还是获得了相应的荣誉、地位和尊重。但另外还有少部分数学家就没有那么幸运了，尽管他们在数学上做出了出色的成绩，生前却没有获得足够的重视，死后才被人们认可，阿贝尔就是如此。

1802 年，阿贝尔出生在挪威的一个小村庄里，家里给他取的名字是尼尔斯·亨利克·阿贝尔。虽然出生在贫困家庭，但是家人还是送他去读书，而正是在读书期间，他喜欢上了数学，并最终成长为挪威著名的数学家。而阿贝尔最重要的成果在于首次完整地给出了高于四次的一般代数方程没有一般形式的代数解的证明，这个数学问题曾经悬而未决250年，没有人能够给出解答的证明。当时他写了一篇《一元五次方程没有代数一般解》的论文，他认为一元五次方程不存在什么代数解，并在论文中进行了简单的运算和证明。他意识到这是一个伟大的数学发现，所以直接将论文寄给了当时欧洲一些顶级数学家，其中就包括“数学王子”高斯。

高斯在这个问题上也研究了很多年，但是才华横溢的他始终找不到证明的方法，所以当他看到论文时有些惊喜，又有些疑惑，由于论文太过简洁，高斯并没有完全看明白，他觉得这样简短的篇幅是难以将这个世界著名的数学难题证明清楚的，所以他随便看了几眼之后就扔在一旁，就因如此，高斯错过了这篇论文。

在那之后的几年时间里，阿贝尔前往巴黎，拜访当时欧洲顶级的数学家，可是没有人真正意识到阿贝尔正在创造历史，他研究的那些函数问题一直被大家冷落，这就使得阿贝尔的数学理论始终无法获得认同。当他心灰意冷地离开巴黎的时候，命运再次和他开了一个玩笑，接二连三的打击让他心力交瘁，身体一天不如一天，在那段时间里他开始经常咳嗽、发烧，偶尔咳血，并且久治不愈，他觉得自己应该患上了重感冒，按照他的说法，只要冬天一过，自己的身体就能够复原，但没有想到这病竟然是肺结核，在当时的医疗水平下，肺结核意味着死亡。

在之后的一两年时间里，阿贝尔的身体每况愈下，而心心念念的数学定理却始终被数学界忽视，这让他更加忧伤，怀才不遇的他最终在不甘、失落和忧郁中死去。命运总是愿意跟人开玩笑，在他去世之后，整个欧洲数学界才幡然醒悟，才意识到阿贝尔的数学成果是多么重要。一些科学家写信给挪威国王，要求他为阿贝尔提供重要的研究位置，还有人推荐他为柏林大学的教授。随着阿贝尔更多的数学成果被公之于众，一些顶级数学家认为这些研究成果和思想足以让数学家工作 150 年。之后，各种荣誉接踵而来，阿贝尔一时之间成了数学界最重要的名字，但一切都来得太晚了，数学界遗忘和错过了最好的阿贝尔，好在还没有遗忘他的研究成果。

2001 年，为了纪念这位伟大的数学家，挪威政府宣布成立阿贝尔数学奖，奖金和诺贝尔奖相近，这项大奖也成了很多数学家从事数学研究的动力。

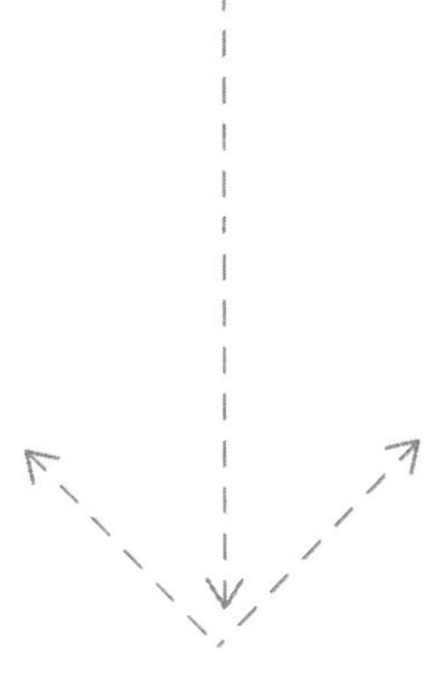

德国数学的复兴者卡尔·雅可比

从古至今，德国一直都是欧洲大陆上非常重要的国家，无论是经济、军事、文化、科技、艺术，还是数学领域，德国都在整个西方发展史上占据重要的地位。德国数学曾经有过辉煌的历史，并诞生了一大批世界级别的数学家，可是在莱布尼茨之后，德国在数学研究方面就开始落后于法国和英国，整个德国数学界似乎一直处于低谷状态，在这样的时代背景下，德国迫不及待地需要有人站出来复兴数学，确保德国数学的发展不会和其他欧洲国家相脱节。这个时候，以卡尔·雅可比为首的一批德国数学家开始站出来承担重任，带领德国数学重新走向世界。

卡尔·雅可比 1804 年出生在德国一个富裕的犹太家庭，这个银行家的儿子并没有跟随父亲的足迹进入银行业，也没有成为无所事事的富家公子。他从小就在数学方面展示出了超出同龄人的成熟与优势，以至于在 21 岁的时候就在柏林大学拿到理学博士学位，然后在学校里任数学老师，专门给学生讲解三维空间曲线和曲面的解析理论课程。作为一个年轻的教师，雅可比非常善于将自己的观点融入授课内容之中，并启发学生独立思考，这也使得他成了学校最受欢迎的数学老师。

后来他辗转前往柯尼斯堡大学任教，他利用课余时间研究数学，结果他从脱落旋转问题出发独立完成了椭圆函数的研究（阿贝尔也在独立研究），在研究阿贝尔函数的时候，还发现了超椭圆函数。正因为在椭圆函数理论方面的杰出发现和透彻研究，雅可比成了当时最受瞩目的数学家之一，要知道椭圆函数理论几乎是19世纪数学领域中最重要的函数理论之一。接下来的日子里，雅可比的人生就像开了挂一样，他在各个数学领域内纷纷进行深入研究，并且将椭圆函数理论、数学分析、数论、几何学等诸多数学知识发表在《纯粹和应用数学》这本杂志上，当时平均每一期都有三篇文章是雅可比的，可以说这本杂志几乎被他一个人给垄断了，而数学中的很多定理和公式，以及函数恒等式、方程、积分、曲线、矩阵、行列式、根式、数学符号中也都留下了雅可比的大名。这样的成就使得整个德国都对他寄予了厚望，而他也因此成了当时德国数学复兴的核心成员之一，对德国数学乃至整个数学界的发展都起到了至关重要的作用。

与此同时，雅可比堪称世界上最勤奋的数学家之一。比如他非常善于处理各种繁复的代数问题，似乎在有意寻找那些更麻烦的数学问题来解答，因此他不得不花费大量的时间在数学研究工作上。很多公式和运算法则看着就让人感到头疼，即便是顶级的数学家可能也会在这些问题面前犯怵，但是雅可比并没有这样，反而从中找到了快乐，所以在很长一段时间内，他都沉浸在这些反复的运算和证明当中。也正是因为足够勤奋，他在纯粹数学和应用数学上都取得了很高的造诣，而且作品颇丰，他也被广泛认为是足以同欧拉和高斯等数学家相媲美的数学大师。

雅可比是一个全才，在哲学和古典文学上也有很深入的研究，要不是因为数学的吸引力实在太大，他极有可能还会在语言学方面做出巨大的成就。好在他在柏林上大学的时候就下定决心将精力集中在数学领域，否则整个德国数学界乃至整个世界数学界都会遭受巨大的损失。

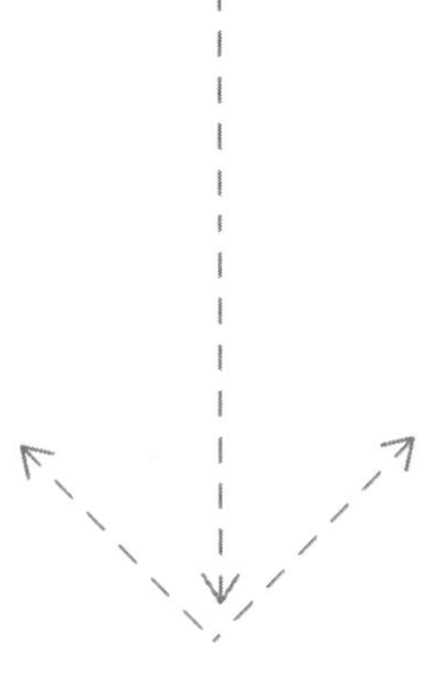

不会写信的狄利克雷

在数学发展史上，有很多数学家堪称异类，他们在研究数学方面往往有着很高的天赋，可是在其他方面却表现得很糟糕，其中一些数学家还被认为是“学术界的天才，生活中的庸人”，而在这一类人当中，最令人瞠目结舌的恐怕要数法国数学家狄利克雷。

狄利克雷的全名是约翰·彼得·古斯塔夫·勒热纳·狄利克雷，他是一位天赋很高的数学家，在很小的时候就接触数学，并且很快痴迷上了数学。12 岁的时候，很多孩子都在攒钱购买玩具和零食，而狄利克雷则拿着自己的攒下来的钱购买了一大堆数学书。母亲非常好奇地问：“这么难的书，你看得懂吗？”狄利克雷倔强地说：“我会看到看懂为止。”

狄利克雷一生中研究最多、成果最大的是函数论、位势论和三角级数论，他还发现了解析数论。在数学领域表现出众的他，在生活中却像一个白痴，由于常年都在钻研数学，他根本不怎么出门，也很少参加什么社交活动，所以社交能力很弱。他的妻子出身名门，才华横溢，经常会邀请一些朋友来家中做客，而狄利克雷每一次都躲在书房里不肯出来。妻子对那些枯燥乏味的数学根本提不起多大的兴趣，她曾经希望他多认识一些朋友，多和他人沟通一下，这样也可以丰富自己的业余生活，但她最终放弃了，因为丈夫对待人际关系完全不像对待数学那样得心应手。

由于不怎么与人沟通，很多人嘲笑他已经丧失了语言表达能力，大家觉得他的脑子里只有那些数字和函数中的各种公式。这话并没有夸大的成分，据说狄利克雷甚至都不会写信，他有几个最要好的朋友，他们从来不曾收到过狄利克雷的信，他总是试图用数学来掩盖一切，充实一切，结果在生活中常常会有一些非常拙劣的表现。比如当妻子怀孕产子之后，他非常开心，准备将这个消息告诉远在国外的双亲，可是从来没有写过信的他，急得就像热锅上的蚂蚁，酝酿了半天也写不出一个字来，多年的数学研究已经让他的文字表达能力彻底退化了。最后他想了一个最直接的方法，那就是用数学的方式来进行描述，所以他写出了世界上最简单也最让人难以置信的一封信：“2+1=3。”

很难想象，一位研究出狄利克雷函数的大数学家竟然会被一封信难倒，也很难相信一位能够应付世界上最复杂数学问题的大师，却会在生活中有如此拙劣的表现，但从这一方面也正好看出他对于数学的专注和赤诚，也许正是因为这份专注和赤诚，才让他成了当时最出色的数学家之一。

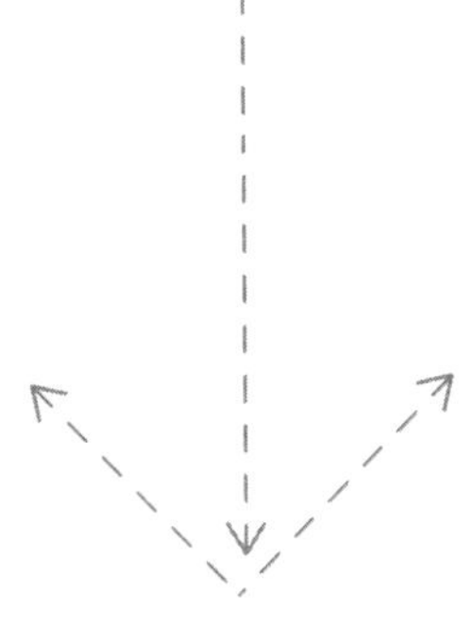

为爱情决斗的痴男伽罗瓦

在欧洲数学发展史上，数学家伽罗瓦是一个非常另类的存在，他在21岁就建立了新的数学分支，这样的天赋在整个数学发展史上都是非常罕见的，以至于很多人都认为他是那种几百年才会出现一个的超级天才。但是和其他天才不同的是，伽罗瓦并没有在少年甚至是童年时代就展现出过人的数学天赋，实际上他正式接触数学是在16岁，这非常令人惊讶，一个16岁才开始接触数学的孩子，竟然在短短五年时间内就成了世界顶级的数学大师，简直令人难以置信。

这一切归结于他的专注以及天赋。伽罗瓦接触数学后就迷恋上了它，并且对其他科目根本提不起任何兴趣。他的老师曾经这样评价伽罗瓦："只适合在数学的最高领域工作。所以我就说了吧，每一个领域的天才，都会在那里闪闪发亮，不需要人们寻找。"在数学领域，伽罗瓦的进步非常快，并且觉得中学教科书已经无法满足自己的需求了，老师们讲的东西也无法让他满意。所以他干脆花费一年时间自学了勒让德尔的《几何原理》，以及拉格朗日的《论数值方程解法》《解析函数论》《函数演算讲义》，并学习了欧拉、高斯等顶级数学家的著作。

不久之后，伽罗瓦就将关于五次方程代数解的研究成果发到《数学年鉴》这本杂志上，当时负责审稿的是大数学家柯西，这个人有一个问题，那就是喜欢繁冗的表达方式，他的数学研究很高产，而且质量很高，但是写成论文的时候则非常烦琐，让人提不起兴致。所以当他面对伽罗瓦仅仅 6 页的数学论文稿件时，想也没想就直接丢在一旁了，而这样的举动直接让伽罗瓦的数学成果被埋没了，要知道当时有关五次方程代数解不存在的证明解答了数学界近 300 年的难题。更何况，伽罗瓦还提出了群的概念，用群论彻底解决了根式求解代数方程的问题。这些数学成就比阿贝尔在这一领域内的研究成果更加先进，更有创造性。

于是伽罗瓦将自己的论文寄给了其他数学家，但他们要么是水平太低没看懂，要么就是已经去世了。这让他非常沮丧，但更加令人沮丧的在于他因为上街游行而被关进监狱，并且喜欢上了一个女人。出狱后不久，年轻气盛的伽罗瓦为了这个女人而与一个军人决斗，在西方骑士文化的影响下，决斗是男人之间解决争端的一种重要方式，也是维护个人荣誉的一种体现。为了爱情和荣誉，伽罗瓦不太明智地选择拿起枪支，而他的对手是远近闻名的神枪手，这对一个成天研究数学的人来说是致命的威胁。谈到这场决斗，很多人或许会联想到俄罗斯著名诗人普希金，他就是因为爱情而与人决斗，最终死在对方手里。伽罗瓦和普希金一样，根本拿不住枪，他在决斗之前就预料到了结果。

在决斗前的那一个晚上，他突然意识到自己有很多重要的数学研究成果还没来得及公之于世，所以连夜给最要好的朋友写了一封信，在信中他将自己生平所领悟出来的数学研究心得进行了简单概括，然后将自己的论文手稿也一并放在信中。但一整个晚上的时间，根本不足以详细描述他在数学领域内的成就，因此整个手稿简之又简。他还在手稿的空白处，焦虑地写着“我没有时间了，我没有时间了”。

这个执拗的年轻人死于第二天上午，他被对手打穿了肠子。在咽气之前，弟弟是唯一陪在身边的人，没有生离死别，没有悔恨，没有不甘，他像一个真正的骑士一样对弟弟说道：“不要哭，我需要足够的勇气在20岁的时候死去。”这样的觉悟用在一个才华横溢的年轻数学家身上实在可惜。

由于生前知名度不高，伽罗瓦只是被草草埋葬在公墓的普通壕沟内，以至于他的墓地今天早就无迹可寻了。而伽罗瓦的朋友遵照他的遗嘱，将这些手稿交给顶级数学家看，却先后被高斯、雅克比等人忽视，差点沦为遗著。直到伽罗瓦去世十年之后，法国数学家刘维尔在经过严密计算后，才证明了手稿的价值。

而真正令人惋惜的是，如果伽罗瓦专注于数学研究，而不是与人决斗，那么也许他的成就还会更高，可以研究出更多有价值的数学成果，说不定会拥有比肩欧拉和高斯那样的地位。

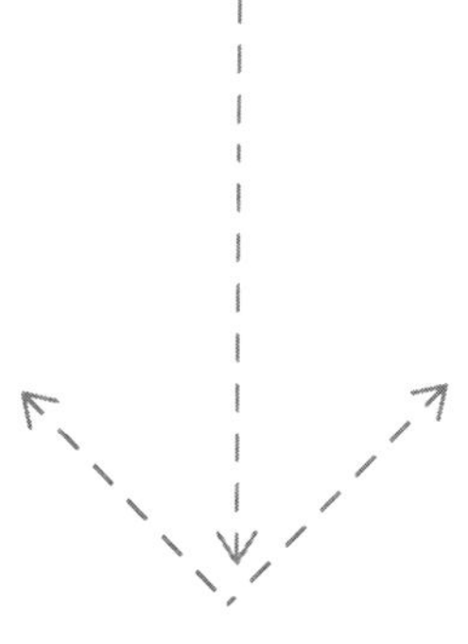

黎曼：至今也没能得到有效证明的黎曼猜想

了解数学发展史的人都知道，很多数学家囿于当时的数学水平和自己的计算能力，会将自己认为正确或者错误的一些数学学术观点提出来，这些观点大都是一些猜想和假设，而后世的数学家往往会循着这些猜想进行论证，看看前人的数学观点是不是正确的。在数学发展史上，有很多著名的猜想，比如哥德巴赫猜想、费马猜想、四色猜想。而在提出猜想的数学家中，黎曼绝对是一位不可忽视的数学家。

学习和研究数学的人都知道，数学上有黎曼函数、黎曼积分、黎曼几何、黎曼引理、黎曼流形、黎曼映照定理、黎曼—希尔伯特问题、黎曼思路回环矩阵和黎曼曲面等一系列和黎曼息息相关的理论，这些都是黎曼的杰作。看上去很多，但黎曼其实并不算一个高产的数学家，他认为精比多更加重要，所以他的理论成果并不多，而且描述起来都极为精简。

黎曼在大学时期曾经研读哲学和神学，但是后来改成了数学，之后开始在数学道路上越走越远。1859 年，黎曼被选为柏林科学院的通信院士，为了做出汇报，他向柏林科学院提交了一篇题为“论小于给定数值的素数个数”的论文，在这篇论文中，黎曼发现素数分布的奥秘完全蕴藏在一个特殊的函数之中，即黎曼函数。这个成果非常重要，对整个数学发展史都有着不可估量的作用，但问题在于这篇论文篇幅不大，文字极为简练，甚至出现了很多证明从略的地方，而这些证明从略并没有针对那些显而易见的证明内容，简单来说，就是一些非常复杂的内容和关键的点都没有经过证明。这个不知道是有意还是无意的过失，给后世数学家带来了很大的工作量，很多从略的内容直到今天也没有补上去。不过黎曼还是非常坦诚地指出了其中一个自己无法证明的命题，这就是后来的黎曼猜想。

与哥德巴赫猜想以及费马猜想的知名度相比，黎曼猜想很容易被人遗忘，但它在数学上的重要性却要远远超过这两个大众知名度更高的猜想，这也是为什么 100 多年来，会有大量的数学家前赴后继地投入证明这个猜想的工作当中。一个有趣的现象是，迄今为止，已经有超过 1000 条数学命题和黎曼猜想的证明（很多人认为自己证明了黎曼猜想，而这些命题就是建立在这些证明方法上的）建立起紧密联系，如果能够证明黎曼猜想，这些命题就会被证明是正确的定理，反之，将会有一大批命题会成为数学发展史上的陪葬品。

不幸的是，迄今为止，仍旧没有人能够给出黎曼猜想的证明。有个德国数学家在整理黎曼遗稿时，还曾得出了一个结论，认为黎曼本人就曾运用几何分析法证明了黎曼猜想，而现在它也被证明是一个错误的结论。黎曼猜想就像幽灵一样困扰着后世数学家，因为素数行为本身就具有不可预测性，它可能出现在某一个特定区域，但没人能够搞清楚具体在哪儿，但也正因如此，才使得这个猜想如此神秘和迷人。

Chapter 6
第 六 章

从 19 世纪走向 20 世纪的那些与众不同的天才

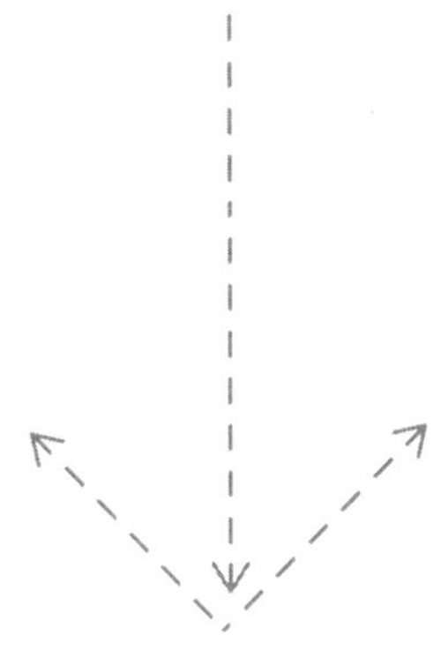

伟大的逻辑学家弗雷格

“逻辑学”是一门非常重要的学科，而第一位将逻辑学当成科学工具的则是大哲学家亚里士多德，他曾经认为逻辑学是一切科学的工具，并且提出了著名的三段论：大前提、小前提和结论。不过逻辑学在那之后的发展一直不太顺利，直到19世纪，人们谈论起逻辑问题，仍旧停留在亚里士多德的逻辑学体系之中。为了突破这种狭隘的认知和界限，一些数学家开始尝试着对逻辑学的范畴进行扩大，而这个时候，“量化逻辑”出现了，其创始人就是德国著名的逻辑学家和数学家弗雷格。

弗雷格全名叫弗里德里希·路德维希·戈特洛布·弗雷格，他对于逻辑学很感兴趣，并且试图将其运用到数学领域。他曾提出了数学哲学思想的三原则：第一，数学不是经验活动所得，而是先天真理，智力正常的人可以算出1+1=2，而不用依靠经验来完成运算；第二，数学是普遍和客观，1就是1，2就是2，不能转化和混淆；第三，数学本身就是逻辑的一部分，所有数学问题都可以归结为逻辑问题。

之所以要提出这样的原则，是因为他发现过去数学中的所有证明，都是从“不证自明”的前提出发的，结论的推出往往有一个特定的规则，但问题在于这些前提是否真的是“不证自明”的，而那些规则又是否真的合理有效呢？简单来说，这些数学证明实际上都是数学家的主观推测，或者说大家从形式上就认定了它们本身就是某一种证明状态，这种主观性直接导致整个推理过程和证明过程失去说服力，但长久以来，没有人去研究过这些问题，而弗雷格意识到这些漏洞使得整个数学大厦都飘在半空中。正因如此，弗雷格想到使用逻辑学的方法来证明数学定理是客观存在的，证明数学本身就拥有一个稳定基础，于是他提出了一个重要观点，即逻辑不是思维规则，是不以人的意志为转移的，它是客观存在的真理。弗雷格打破了亚里士多德逻辑学体系中关于逻辑是思维规则的观点，这就为理性的数学研究与逻辑学的完美融合奠定了基础。

为了佐证自己的研究，他先后发表了《概念文字》《概念演算——一种按算术语言构成的思维符号语言》《算术的基础——对数概念的逻辑数学研究》《算术的基本规律》等著作，这些作品将数学与逻辑学的结合推向了一个高峰，而将数学命题转变为形式语言进行系统研究，也开创了20世纪数学发展的先河。一系列的成就将弗雷格推上了“现代逻辑之父”的宝座，而他也成了后世数学家追逐的对象，很多人都从他的作品和思想中汲取营养，运用他的观点和方式来研究数学，确保了数学发展的客观性和科学性。

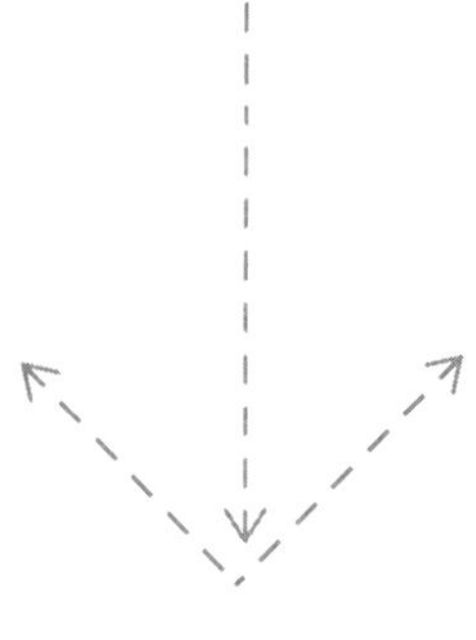

最后一位数学全才庞加莱

19 世纪末，数学开始进入一个低谷，这个低谷是相对 17 世纪和 18 世纪而言的，在群雄涌现的年代慢慢结束之后，19 世纪末 20 世纪初，数学的发展更加成熟，相应的探索也就更加艰难，人们想要在数学领域获得更大的突破已经变得越来越难。而且当时数学的研究趋向于精细化，人们更喜欢在某一领域内进行钻研，这就导致那种能够全方位掌握数学知识的大师级人物越来越少，而庞加莱则被认为是最后一位数学全才。

1854 年，亨利・庞加莱出生在一个贵族家庭，祖父、父亲、母亲都有很好的工作，堂兄弟甚至还担任过法国总统，良好的出身使得庞加莱能够享受到最好的教育。不仅如此，庞加莱还是典型的高智商人才，他的父亲和母亲智商很高，他在学习上也展示出过人的天赋，对于知识的接受和吸收能力远远超过同龄人。15 岁的时候，他开始对数学产生兴趣，并且养成了良好的思考习惯，平时总是一边散步，一边思考和研究数学问题，这样的习惯一直保持到他逝世那天为止。

出色的数学才能很早就为他赢得了很高的赞誉，但他并没有停止前进的步伐还是潜心于数学研究当中，并且在数论、代数学、几何学、拓扑学、分析学等多个数学领域取得重大突破，尤其是在分析学方面，他创立了著名的自守函数理论。后来他又在一般解析函数论当中，提出了多复变函数论，成为这一理论的先驱之一。而拓扑学中组合拓扑学的创立则是庞加莱最重要的成果，打开了新的数学分支，他改变了数学科学系统，让数学在一切方向上都能够开辟道路。

在数学领域，庞加莱获得了很大的成就，他成了那个时代最优秀的数学家之一。1905 年，匈牙利科学院给过去 25 年来为数学做出重大贡献的数学家颁发鲍尔约奖，庞加莱因为对几乎整个数学领域都做出贡献而获奖。在数学界，他是公认的大师级人物，是 19 世纪后 1/4 和 20 世纪初的数学界领袖，也是全面掌握数学知识和应用这些数学知识的最后一个人。

创办了《美国数学杂志》的英国数学家西尔维斯特在 1885 年第一次见到庞加莱的时候，竟然激动得半天说不出话来，这位见多识广也认识许多大数学家的名人这样描述自己的窘态：“我的舌头一下子失去了功能，直到我用了一些时间（可能有两三分钟）仔细端详和承受了可谓他思想的外部形式的年轻美貌时，我才发现自己能够开始说话了。”

除了数学之外，庞加莱还利用微积分研究了行星轨道和卫星轨道稳定性的问题，他在天体力学方面也有很大的作为，还开创了动力系统理论。在物理学方面，他对狭义相对论的创立做出了重要贡献。除此之外，他在哲学方面也有很多研究，写下了《科学与假设》《科学的价值》《科学与方法》等作品，是约定主义和直觉主义的代表人物。他一生中著作颇丰，发表了将近500篇论文以及30部著作，内容涉及几乎所有的数学领域以及物理、天体物理等重要领域。他能够获得崇高的地位，完全是实至名归。

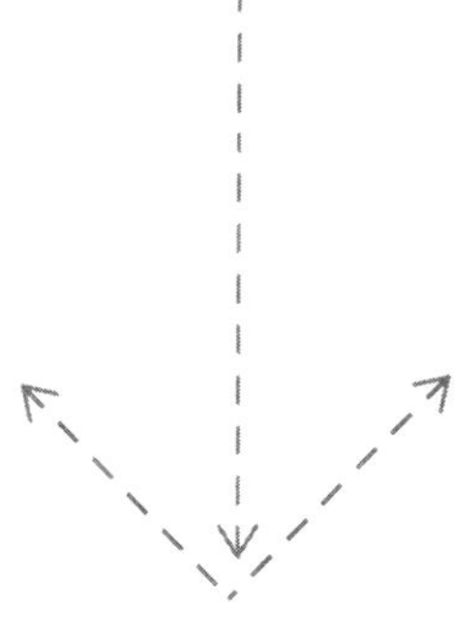

自杀不成而设立数学奖项的沃尔夫凯勒

沃尔夫凯勒是德国人，出生于1856年，他从小就喜欢数学，一直到进入大学后也在努力研究数学，成为一个业余的数学家。可是在求学期间，他疯狂地喜欢上了一位漂亮的女子，并且展开了热烈的追求，可是对方却一次次拒绝了他。一开始的热情变成了伤心，伤心又变成了沮丧，之后他陷入了绝望，觉得人生再也没有什么意义了，所以定好了在某一天午夜钟声响起的时候自杀。

在自杀当天傍晚，他开始立下遗嘱，并且给所有的亲朋好友写了诀别信。但是他发现离午夜还有几个小时的时间，自己总不能坐在阁楼上等死，于是就抽空去图书馆看看。而这一看就让他改变了想法，因为他发现了一篇关于“费马大定理证明为什么会失败”的论文，他一下子就被吸引住了，他很快意识到像费马大定理这样的数学问题非常伟大，是数学领域的宝藏，他绝对不能错过。当时他发现了这篇论文中的一个漏洞，于是就决定亲自进行分析，证明了这个漏洞的存在。

而当他做完证明的时候，午夜的钟声早就响过了，自然而然，他根本没有听见。重要的是，经历了这一次数学的发现和洗礼，他不仅放弃了自杀的想法，而且意识到自己需要重新订立一份更有意义的遗嘱，以作为对费马定理拯救自己的感激。所以他立下了遗嘱，要将自己财产中的一大部分设立一个专门的奖项，用来奖励将来第一个证明费马大定理的数学家，这就是著名的沃尔夫凯勒奖。而当时的他意识到短期内可能没有人能够顺利证明费马大定理，因此将期限延长到了 100 年。而这一举措非常明智，因为直到 1994 年，才有人真正证明了费马大定理。

沃尔夫凯勒并不是一个真正意义上的天才，他在那个时代的数学地位并不高，数学成就非常有限，但这并不妨碍他成为一个影响了数学发展史的人。沃尔夫凯勒专门设定了这个带有浪漫主义色彩的奖项，使得人们对于这个奖充满了好奇。在之后的很长一段时间内，大量的青年学者和数学家纷纷投身于证明费马大定理的工作中，而且几乎每隔一段时间就会有人宣称自己给出了证明。这样的学术风潮带动了费马大定理的传播，也让更多的人加入证明队伍当中，这对于整个数学的发展产生了积极的促进作用。

而对于沃尔夫凯勒本人来说，原本只是一个籍籍无名的小人物，因为爱情上的不顺心要自杀而误打误撞地遇到了费马大定理，最终改变了自己的命运。虽然他并没有为世界贡献出什么出众的数学研究成果，但是却因为这一奖项以及与费马大定理的结缘，使得他在数学领域青史留名，从这一方面来说，他也称得上是数学史上一个另类的数学家了。

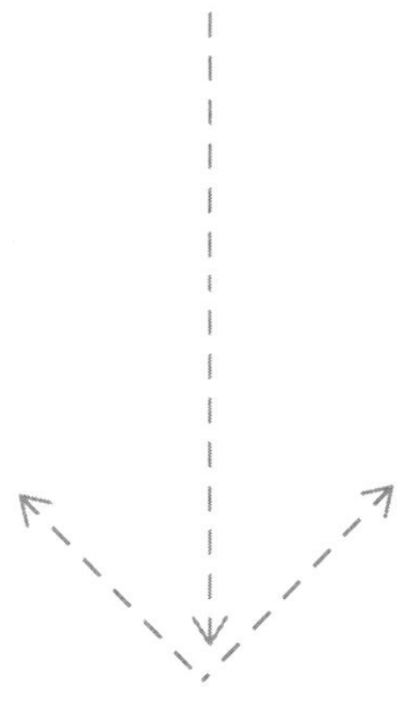

史上讲课最烂的数学家林德曼

有个人曾经这样描述数学家："所有数学家生活在两个不同的世界里，一个是由完美的理想形式构成的晶莹剔透的世界，一座冰宫。但他们还生活在普通世界里，事物因其发展或转瞬即逝，或模糊不清。数学家们穿梭于这两个世界，在透明的世界里，他们是成年人，在现实的世界里，他们则成了婴儿。"

这里所说的婴儿，通常指的是他们处理现实生活问题的能力，比如说交流。研究数学的人往往在逻辑思维和理性思维方面表现突出，他们精于计算和推理，但是往往不擅长沟通。如果对数学家们进行观察和分析，就会发现多数数学家都不那么擅长沟通，很多人还是社交恐惧症患者，相比于与人交流或者当众讲课，他们更喜欢一个人埋头钻研各种数学问题。而在这类数学家当中，德国数学家林德曼绝对算得上最不懂得讲话，且讲课最烂的数学家之一。

林德曼在数学领域的主要成就就是证明了圆周率 π 是一个超越数，即不能作为有理系数多项式根的实数。这个重要的发现为圆周率 π 日后的运算提供了一个明确的方向，可以说是一个非常重要的发现。但是林德曼在与人描述这个数学研究时，却常常不知道如何将问题说清楚，也经常不知道该如何对他人进行详细的解释。不仅如此，在其他数学问题上，他一样会变成计算上的天才，表达上的白痴。

据说，林德曼在讲课时，学生们大部分时间都听不清他说了些什么内容，也许是因为口音，也许是因为语速和声调，大家每一次上课都必须集中精力，然后尝试着猜测他说了些什么。有些时候，学生能够听清楚一些内容，但那些能够听清楚的话大都是学生听不懂也理解不了的怪话，他似乎不太习惯用通俗易懂或者生动有趣的方式将自己的授课内容进行修饰，所以学生们只能自求多福，努力去分析课堂上记录下来的笔记。他所讲的内容被人听清且理解的时刻基本上很少见，即便真的被人听清和理解了，学生们也没有办法高兴起来，因为他们往往会发现老师所说的基本上都是一些错话。很多学生在听林德曼的课程时，几乎都要崩溃，这也是为什么他讲课时，台下总是稀稀落落地坐着几个人，他们都觉得听他的课是一种折磨。许多人都曾经向他反映过这个问题，但是他始终没有办法提高自己的授课水平。

有意思的是，他曾经前往巴黎学习，并且经常去听法国数学家若尔当的课，而若尔当虽然也是名重一时的大数学家，但似乎也不怎么擅长讲课，每一次听课的人都很少，只有三四个人，偶尔还有一些只是因为教室外面太冷而躲到里面来取暖的学生。林德曼非常佩服若尔当，但在讲课这件事上，他似乎也跟随了对方的脚步，成了史上讲课最烂的数学家之一。

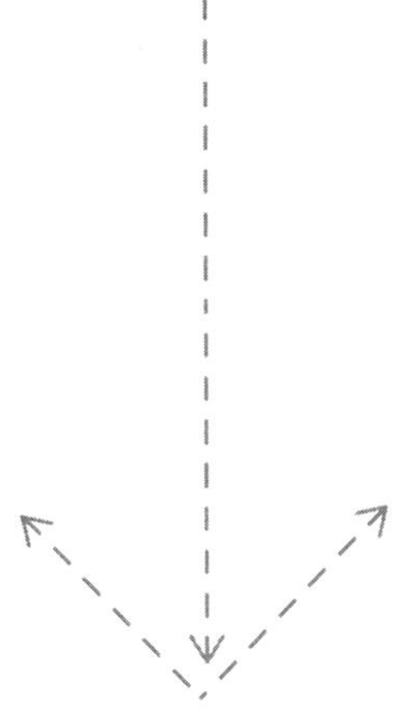

“数学界的无冕之王”戴维·希尔伯特

在数学领域中，存在很多著名的猜想和问题，这些猜想和问题往往具有很大的吸引力，甚至成为同时代以及后世数学家们解答的目标，而在解答和证明的过程中，数学家们往往会因为刻苦钻研而深度挖掘相关的数学知识，并且有很大可能因为开拓性的研究而开创新的分支和内容，从而拓展了数学的发展道路。正因如此，许多数学猜想和数学问题也被认为是数学发展的“催化剂”。在涉及数学猜想和数学问题的时候，有一个数学家非常重要，他曾经总结和整理了 23 个重要的数学问题，并以此来激励更多的数学家为之奋斗，这个人就是戴维·希尔伯特。

戴维·希尔伯特是德国著名的数学家，他从小就在数学方面展示出了强烈的兴趣，但是父亲一直希望他攻读法律，并且认为这才是人生最正确的打开方式，但他不为所动，依旧坚持攻读数学，并且在 1884 年获得了博士学位。

在数学领域，希尔伯特一直坚持一个原则：只要一门科学分支能提出大量的问题，它就充满着生命力，而问题缺乏则预示着独立发展的衰亡和终止。在所有的科学分支中，数学就是一个问题很多的分支，而在数学领域，各种数学分支中也存在相应的问题，正因如此，他在数学领域的涉猎范围很广，包括不变量理论、代数数域理论、几何基础、积分方程、一般数学基础、狄利克雷原理、变分法等诸多问题，在这些领域，他成绩斐然。他从数学基础问题出发，运用逻辑学来解读数学问题，从而为数学问题建立起相应的逻辑系统。

他一生中研究的数学问题实在太多，以至于很多被人命名的理论连他自己也不太清楚。有一次，他听见很多人都在讨论“希尔伯特空间”理论，他感到非常疑惑，自己研究的数学问题也不少，似乎并没有接触过这样一个特殊的理论，结果他直接跑去问同事“什么是希尔伯特空间”，同事都被他的举动给镇住了。

事实上，他不仅自己研究数学问题，而且还积极引导其他年轻的数学家研究那些重要的数学问题，他觉得只有研究才能够推动数学的发展，只有想办法解开那些数学问题，才能带动数学的进步。所以，在1900年的巴黎第二届国际数学家大会上，他发表了名为“数学问题”的著名演讲，提出了新世纪数学家应该努力解决的23个数学问题，这些数学问题分为数学基础问题、数论问题、代数和几何问题、数学分析。它们成了20世纪数学的制高点，而对这些问题的研究极大地推动了20世纪数学的发展，对整个世界的发展都产生了巨大的影响。

希尔伯特认为，数学是一个非常复杂和深奥的学科，但是数学中没有什么是不可知的，也没有什么是不可解答的，只要人们用心去分析和挖掘，就能够找到答案，所以他觉得“寻找问题，解答问题”就是学习数学的一大乐趣，也是推动数学发展的基本动力。1930 年，在接受“哥尼斯堡荣誉市民”称号时发表的演讲中，希尔伯特强调了这样一个口号：“我们必须知道，我们必须知道。”在他去世之后，这两句话也成了他的墓志铭。

许多人都认为希尔伯特在数学创造性方面还难以和那些顶尖的数学家相媲美，也很少有人将他放在欧拉、高斯等人的高度上进行评价，但是由于他对于数学问题的总结与推广，以及对后世数学发展的巨大影响力，他一直都被称为“数学界的无冕之王”。

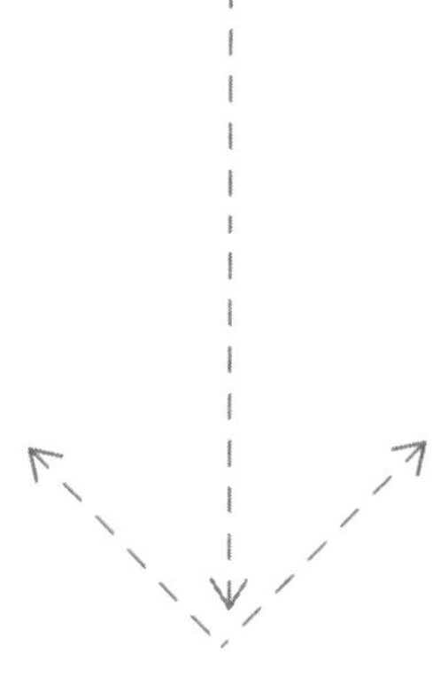

英国分析学大师哈代

分析学是数学中非常重要的一个分支，是主要以微积方法为基本工具，以函数为主要研究对象的众多数学分支的统称，它是在 17 世纪微积分的发展基础上发展起来的，曾经一度和几何学、代数学并列为数学三大分支。18 世纪，分析学达到了鼎盛，成了数学中最大的一个分支，之后慢慢发展开来，到了 19 世纪末 20 世纪初，分析学继续演进，而这个时期英国产生了一位分析学的大师哈代。

哈代从小就显露出与众不同的数学天赋，父母也非常重视数学教育，因此 13 岁的时候他就进入了素来有“数学家摇篮”之称的温切斯特学院，20 岁的时候进入剑桥大学三一学院深造。当时他对于学校内部机械的授课模式非常不满，直接提出申请，结果幸运地成了应用数学家拉弗教授课堂里的学生，而这改变了哈代的一生。

他曾这样说过：“第一个使我拨云见日的是拉弗教授，他教了我几个学期，使我对分析有了第一个严肃的概念。但最使我感激的是他建议我阅读名著《分析教程》，我永远不会忘记我读那本杰作时的震惊，这是我这代许多数学家所受到的第一个启迪，读这本书时我才第一次认识到数学真正意味着什么。”

从 1900 年之后的 11 年时间里，哈代在数学领域取得了丰硕的成果，并在 1908 年出版了《纯粹数学教程》，这本书对英国大学中的教学资料是一次重要的完善和补充。到了 1911 年，他开始和数学家李特尔伍德合作，时间长达 35 年，并且联名发表了大约 100 篇论文，其中涉及数学的各个方面。两个人多年来一直非常默契，经常针对各个数学问题进行分析。两个人会将自己解答和分析的数学命题寄给对方，然后对方在收到信件时，先不去看题目是怎么解的，而是通过独立思考看看自己如何进行解答，直到两个人的解法和观点一致。

20 世纪上半叶，哈代是当时英国数学界的领军人物，并且一手建立了具有世界水平的英国分析学派，他在解析数论、调和分析、函数论等方面都有巨大贡献。他不仅是分析学领域的大师，还是纯粹数学的拥趸，认为“纯粹数学就总体而论，显然比应用数学有用，一个纯粹数学家似乎不仅在美学方面而且在实用方面都占有优势，因为有用的东西主要是技巧，而数学技巧主要是通过纯粹数学来传播的”。

作为英国纯粹数学的领导者，哈代经历过“一战”和“二战”，他非常痛恨战争，并且认为纯粹数学和战争无关，也不会成为战争的工具，所以他对于纯粹数学的推崇实际上也是一种对战争的不满。正因为专注地投入纯粹数学当中，他才能够屏蔽外在的影响，在数学领域取得傲人的成就。

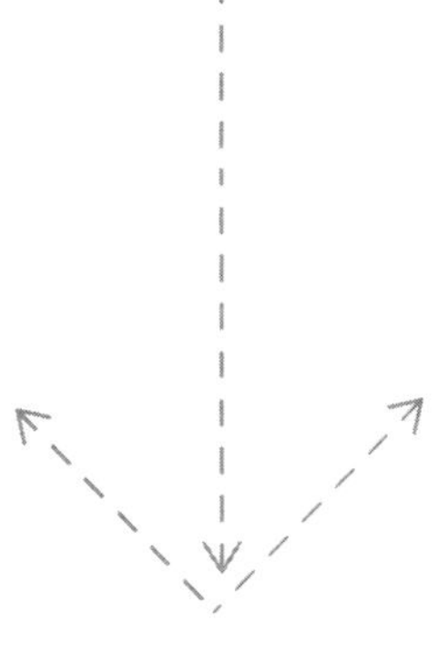

罗素悖论和第三次数学危机

在某个城市中有一位理发师，他刊登了这样一条广告：本人的理发技艺非常高超，整个城市没有人不认识我，因此我打算为城市中所有不给自己刮脸的人刮脸，我也只给这些人刮脸，欢迎各位来光顾小店。很快就有一大批不给自己刮脸的顾客涌入店中，然后有一天理发师无意中发现自己的胡子也长了，他本能地想要拿起剃刀给自己刮脸。这样就产生了一个悖论：理发师到底要不要给自己刮脸呢？如果给自己刮脸，那他就属于给自己刮脸的人，而这样的人显然与广告中“我打算为城市中所有不给自己刮脸的人刮脸”相违背。如果不给自己刮脸，那么他就属于不给自己刮脸的人，而这样的人是完全符合“我打算为城市中所有不给自己刮脸的人刮脸”这条广告。

这个悖论来源于数学家罗素，其中描述的内容来源于他对集合论的一些看法。集合论曾经被当成是构建整个数学大厦的重要理论，1874

年，德国数学家康托尔创立集合论以来，很快渗透到大部分数学分支当中，人们认为一切数学成果都可以建立在集合论的基础上。但是罗素在1902 年突然发现集合论有很大的缺陷，即在两类集合中，第一类集合以其自身为元素，第二类集合不以自身为元素，这样就会导致一个问题出现：自身应该是集合中的元素也不应该是集合中的元素。

在发现这个悖论之后，罗素非常沮丧，一整天都面对着桌子上的一张白纸发呆，虽然他发现了一个数学漏洞，但是对这个漏洞所造成的影响，显然感到害怕和矛盾，这意味着前人的很多想法和整个数学体系可能都会遭受动摇，也意味着自己将会陷入一场世纪大争论的旋涡中心。不过追求真相和真理或许才是一个大数学家真正应该去做的事情，第二年，罗素义无反顾地将这个悖论寄给了德国著名逻辑学家弗雷格。弗雷格差不多要崩溃了，他在这个问题上研究多年，而且自认为就要完成相关的研究工作了，可是罗素的一封信却让他意识到自己多年来的努力竟然是白费工夫，就像一个高明的建筑师即将完成一栋大楼时，有人告知地基不稳，将要倒塌。

当集合论的基础开始动摇时，第三次数学危机爆发了，数学家们希望对康托尔提出来的集合论进行完善和改造，通过一些新的定义和规则来排除悖论的存在，就连罗素本人也在想办法填补这个漏洞。直到公理化集合系统的建立，第三次危机才比较圆满地结束。而罗素悖论和引发的数学危机直接让数学基础问题被推到风口浪尖，数学家们意识到必须对数学基础问题加大研究，而这直接促成了数学三大流派的形成，对之后数学的发展产生了深远的影响。

罗素 11 岁的时候才接触数学，并深深迷恋上了它。1900 年，他在巴黎国际哲学会议上遇到了意大利逻辑学家皮亚诺，从对方的数学逻辑系统中找到了自己的研究方向，并很快发表了《数学的原理》一书。他在数学、哲学以及文学方面获得了很高的成就，他还获得了诺贝尔文学奖。不过仅仅从数学领域来说，罗素悖论的提出以及引发的第三次数学危机无疑对整个数学的发展产生了深远的影响。

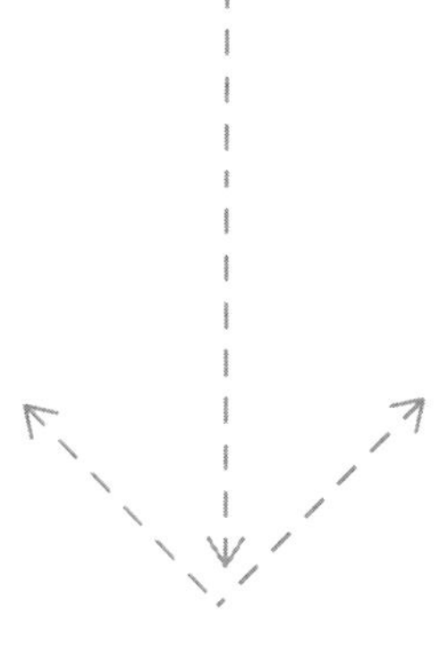

天才人物的最完美典范维特根斯坦

在数学、科学或者是文学、哲学历史上，出现了一大批的天才，他们在各自的领域都取得了非同凡响的成就，很多人还成了改变时代和引领时代的巨人。一般来说，在那些顶级和最伟大的天才当中，很难分清楚谁更出色，谁更优秀，这也是为什么每一次出现什么历史上最伟大人物排行榜时，总是会引发各种激烈的争论，在比较谁更为出色的问题上，似乎永远没有一个绝对的说法，毕竟每一个人心中都有各自的人选。不过在这些人当中要比较谁才是最完美的天才，那么维特根斯坦绝对榜上有名。

维特根斯坦是德国著名的数学家和哲学家，他的父母都是犹太裔，整个家族非常富有，是当时欧洲的巨富家族，许多科学家、数学家都曾受到这一家族的恩惠。作为一个兴趣爱好很广泛的人，维特根斯坦曾经研究如何制造飞机的发动机，因为要运用到数学知识，所以他开始阅读弗雷格的《算术基础》和罗素的《数学原则》（不是《数学原理》）。接下来，他就兴致勃勃地去找弗雷格请教，弗雷格和维特根斯坦交谈了几句就觉得这个年轻人是个天才，自己根本没有什么东西可教的，所以就建议他去寻找罗素。

1912年，他找到了罗素，然后当面问对方："如果我是一个傻瓜，我就去当飞艇驾驶员，但如果我不是，我想当一个哲学家。"罗素对他非常感兴趣，于是就让他写一篇文章看看。结果维特根斯坦只写了一句话，结果罗素直接就做出回应："你还是别写了吧，直接做哲学家吧。"

维特根斯坦为人非常热情和纯正，他在数学和哲学领域内的投入以及深刻认知让数学家罗素非常赞赏。当时的罗素在完成《数学原理》之后已经开始走下坡路了，并且只对三个学生教授数理逻辑，而维特根斯坦就是其中一位。罗素曾发现这个年轻人并没有上过正式的逻辑学课程，可能在数理逻辑方面的理解上存在困难，因此安排导师对他进行辅导。天才横溢的维特根斯坦在听完这个老师一节课后，直接强调对方几乎没什么可教自己的。

在学习了正统的逻辑学之后，维特根斯坦开始对传统意义上的逻辑学进行改造，写下了《逻辑哲学论》，这本书直接推动了他在数理逻辑方面的进步，也推动了唯心主义哲学系向分析哲学的过渡，这是一个革命性的创举。直到今天，仍旧有很多人认为维特根斯坦就是数理逻辑中最杰出的研究者之一。

维特根斯坦是一个张狂的、坦诚的天才，他曾经去乡下教过书，对孩子们非常热情，可是对于那些愚昧的学生家长总是非常反感。他也曾帮助过很多年轻音乐家，但是对于那些人低声下气的感谢以及巴结感到厌恶。他经常不扣衣服最上面的扣子，在研究问题时总是忍不住拍一下额头，这些动作和行为都带有明显的天才气息，并且影响了很多人。也正是因为这些行为以及在逻辑学研究领域的才能，罗素觉得对方就是一个最完美的天才典范，这样的评价显然非常高了。

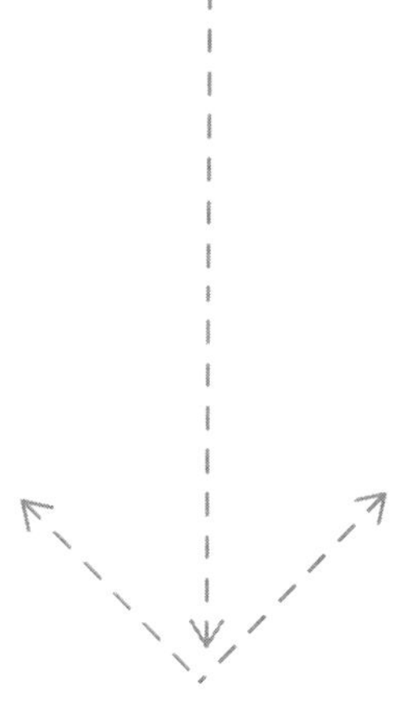

拉马努金：数学界的第二位牛顿

在近代数学的发展史上，几乎大部分数学成就都被欧美国家垄断，大部分伟大的数学家也来自欧美国家，但是其他国家和地区也诞生了一批优秀的数学家，印度的数学天才拉马努金就是其中最突出的一位。

拉马努金是一位杰出的天才，他虽然出身贫困，但是对数学非常痴迷，到 15 岁时，就已经能够解决一些远远超出同龄人正试图处理的数学问题了。比如他发明了一种独特的求解四次方程的方法，效率很高，而且还尝试过求解五次方程，不过由于一般五次方程都是不可解的，他自然遭遇了失败。但拉马努金几乎将所有精力都投入数学学习和研究中，并且毫不犹豫地将数学以外的所有其他学科抛在一旁，这直接导致学校断绝了他的助学金，而且勒令他退学。由于家庭困难，他没有上过大学，只能一个人窝在家里钻研数学。

大家一直认为拉马努金是一位天才，应该去英国求学，所以拉马努金给伦敦大学学院的数学教授希尔寄去了自己的笔记，也不知道是不是希尔看不懂这些内容，还是其他什么原因，他直接给拉马努金泼了一盆冷水，理由是缺乏数学教育背景，没有成为数学家的潜质。接着拉马努金在 1913 年只好将自己的笔记片段寄给了剑桥大学的数学家哈代，哈代意识到和自己通信的是一位不可多得的数学天才，于是他邀请对方前往英国，进入剑桥大学一同研究数学。见了面，哈代才发现，眼前的这个小伙子竟然独自一人研究过高等数学内的数千个定理。

由于缺乏正规的教育和训练，拉马努金展示出来的一套解题方法和方式几乎是完全陌生的，他总会使用一些莫名其妙的符号，而且他对代数似乎并不那么了解，也不懂得如何证明，他甚至觉得数学根本不需要证明什么，所以哈代不得不从一些最基本的知识上对其进行训练，正因如此，拉马努金可以更好地发挥自己的聪明才智。他后来在剑桥大学写出了一系列世界级别的数学论文，其中一篇关于整数分拆问题的论文更是赢得了数学界的瞩目，他使用一种非常可靠的计算方法解决了这个世纪难题。正因如此，1918 年 5 月 2 日，年仅 30 岁的拉马努金就被评选为英国皇家学会会员。

在这篇论文中，拉马努金和哈代共同设计出了一个公式，这个公式不仅仅对数学产生了影响，对计算机科学、物理学、电气工程学都产生了深远的影响。而在几十年之后，人们竟然意识到这个公式还可以用来解释黑洞（天文学上的一种特殊天体）的性质，而在拉马努金的时代，人们甚至还不知道黑洞的存在。

对于拉马努金的天才能力，哈代比谁都了解。有一次，拉马努金生病住院，哈代前往医院探病，到了医院，哈代喃喃自语地说道：“我刚坐了一辆超慢的出租车来，我早该想到的，他的车牌号就不吉利。”拉马努金问他车牌号是多少，哈代回答说：“很无聊的一个数字，1729。”拉马努金的眼睛里几乎放出光芒，他立即接上话：“不，这是一个非常有意思的数，1729可以用两种方式表示成两个自然数立方和的最小数（1729刚好等于1的立方和12的立方之和，又等于9的三次方加上10的三次方）。”

事实上，依靠直觉和分析，拉马努金一生中留下了多达3 900个数学公式，而且这些公式大多都是正确的，这在数学史上是很罕见的现象，人们不得不佩服他这种另类的才能。印度人认为他是“印度之子”，地位足以和文学泰斗泰戈尔相提并论。外国的数学家也认为他的成就可以和欧拉和雅克比相媲美，还有人认为他就是数学界的第二位牛顿。

虽然在剑桥大学获得了非凡的成就，不过拉马努金的身体很快出现了问题，并且在32岁的时候就英年早逝。哈代对于拉马努金非常赞赏，他在悼词中给这位年轻人做出了这样的评价：“他对代数公式的洞察力，无穷级数变换的能力等，实在是最令人惊羡的。在这方面，我绝未见过堪与他旗鼓相当的人，只能拿他和欧拉或雅可比相提并论。他远比大多数现代数学家更偏好从归纳数例中得出结果，比方说，他对划分数的同余性质研究，就完全是这么来的。然而凭着他的记忆力、耐心、计算能力，再综合起他归纳推广的力量，对数学形式的直觉，迅速修正自己假设的能力——这些往往着实令人称奇——使得他，在他自己的领域内，当世无人可敌。”拉马努金完全当得起这样的评价。

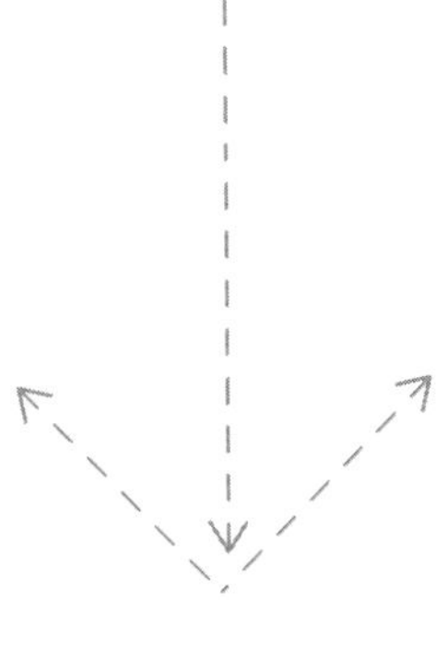

把一个三维实心球分解成两个同等大小实心球的巴拿赫

将一个三维实心球通过旋转和平移到另外一个地方，使之重新组合，就可以组成两个半径和原来完全相同的球。同样地，将一块石头进行旋转和平移，可以得出两块一模一样的石头。不仅如此，经过旋转、平移和分解之后，石头可以组合成任意一种东西，一个星球、一个人或者一棵树。

听起来似乎非常不可思议，要知道一个球是不可能凭空分解成两个一模一样的球的，也不可能组合成其他东西。至少从现实角度来说，不具备这样的条件和能力，毕竟构成事物的原子并不是无限小的，而原子的数量也不是无限大的，万事万物都必须遵守质量守恒定律，而一个球变成两个一样的球，实际上是凭空多出了一个球的重量，这是不可能做到的。但是在数学领域内是被允许的，几何图形不会受到这样的限制，它们可以用无穷的方式表达出来。

数学上关于无穷的一个定理非常重要：假设一家旅馆拥有无限的房间，而所有的房间都住满了客人，这个时候，当有人来预订房间的时候，旅馆的主人直接将 1 号房间的客人转移到 2 号房间，2 号房间的客人转移到 3 号房间，3 号房间的客人转移到 4 号房间，然后依次转移下去，由于是无限的房间，所以可以一直转移，从而腾出 1 号房间。过了一天又来了无限个客人，这个时候，旅馆主人依然按照第一天的方法，将 1 号房间的客人转移到 2 号房间，2 号房间的客人转移到 3 号房间……依靠这种转移方法，所有客人又都住满了。

无穷和无限的旅馆，实际上就可以很好地解释实心球的分解，房间在转移之后，其实还是一样的，旅馆还是原来的旅馆，仍旧拥有无限个房间,实心球的分解原理也是如此,只要分解是无穷的,质量也是无穷的,那么就会成立。可以说，在数学领域，你可以用一张钱变成两张一样的钱，然后接着往下变。你可以将一辆车子变成两辆一样的车子，可以将一杯橙汁分成完全一样的两杯，在数学中，人们完全可以掌控这种魔法。

这是数学上一个非常有趣的悖论，主要是从三维欧几里得空间的两个子集转化以及等度分解这样的定理中得出来的，它虽然是一个数学悖论，但是在物理学方面却有很强的意义。该悖论是数学家巴拿赫与塔基斯合作之后共同提出来的，是一个非常有趣且非常难以理解的数学定理。

巴拿赫是波兰著名的数学家，与其他数学家四处求学不同，他通过自学的方式获得了博士学位，1927 年还成了大学教授。之后潜心研究数学，并且在泛函分析领域做出突出贡献，成了泛函分析的开创者之一，被称为“泛函分析之父”。他研究的数学问题非常高深，对数学以及物理学都产生了很大的影响。尽管他的相关资料并不多，而且人们经常会遗忘他的存在，但事实上，仅仅依靠这个“巴拿赫—塔基斯悖论”，整个数学界和物理学界都要对他刮目相看。

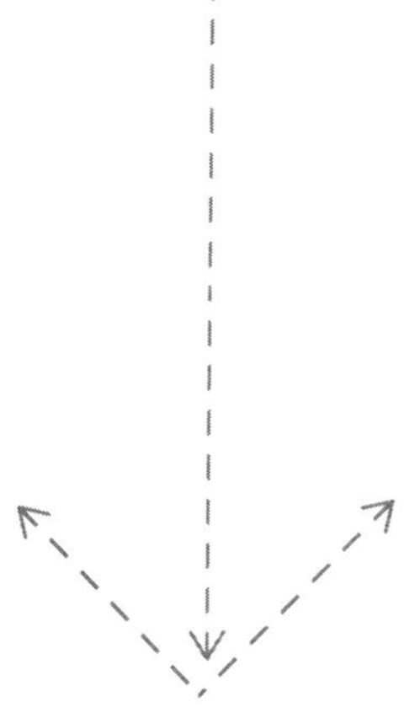

哥德尔和不完全性定理

哥德尔在小时候并没有什么数学天赋，如今博物馆里保存着一本哥德尔小学时候的作业本，其中一道题他算错了：4-1=4，这表明当时的他并没有真正展示出过人的数学天赋。但是凭借自身的努力，他最终在数学领域获得了非凡的成就，其中最重要的就是不完全性定理的提出。

而这一定理和数学家希尔伯特有关，在20世纪20年代，希尔伯特向全世界的数学家抛出了一个宏伟的计划，那就是建立一组公理体系，使得一切数学命题原则上都可以在这个公理体系上推导出真伪，这就是公理体系的完备性。当时很多人都认为这是基础数学的一次重大工程，可以帮助数学大厦更加稳定地建设起来。

正当希尔伯特的数学大厦即将竣工时，哥德尔却跳了出来，他给出了一个证明，大意就是在公理体系的初等算数中，必定存在一个不可判定的命题，这组公理根本无法判定它的真假。在得出证明后，他自己也忍不住惊叹：“这证明太漂亮简洁了。”但对于数学家希尔伯特来说，这无疑是一个打脸的坏消息。当助手将哥德尔的研究成果给他看时，希尔伯特脸色铁青，不敢相信这会是真的。助手之后又给他看论文，希尔伯特仍旧很生气，但是仔细阅读之后，他终于屈服了，意识到自己的观点是错误的，于是着手进行修补。

不完全性定理是现代逻辑发展史上一座很重要的里程碑，它的出现改变了数学基础研究的进程，具有划时代的作用。就连物理学巨匠爱因斯坦也对哥德尔的研究赞不绝口。事实上，哥德尔和爱因斯坦研究的方向不一样，而且很多时候立场也是相对的，但他们却是非常要好的朋友，两位天才科学家也一直都惺惺相惜，哥德尔认为爱因斯坦是最杰出的物理学天才，是自己追逐的目标。有趣的是，在 1951 年，哥德尔因为在广义相对论领域做出的杰出贡献而获得了爱因斯坦奖。而爱因斯坦同样非常认同和尊重哥德尔，在晚年的时候，他说了这样一句话：“我自己的工作没啥意思，我来上班就是为了能有同哥德尔一起散步回家的荣幸。”

哥德尔是一个倾向于唯心主义的天才，他似乎一直没能建立自己的哲学系统，但这并不妨碍他在数学领域的成功。作为一个数学上的天才，他几乎什么都想要去证明，据说他曾经通过数学方法证明了上帝是存在的，又通过数学证明美国宪法在逻辑上会导致独裁的出现。当时他正准备移民美国，这样的论断毫无疑问会让美国人排斥他，但他还是忍不住将自己的观点当着移民局官员的面说了出来，好在爱因斯坦聪明地转移了注意力，才躲过了这一次的移民危机。才华横溢而又特立独行的哥德尔一直都是数学史上的一个异类，许多人对他的生活方式和哲学思想都给予了激烈的批评，但他的才华却是有目共睹的，也正因如此，许多人将其看作20世纪最伟大的数学家和逻辑学家。

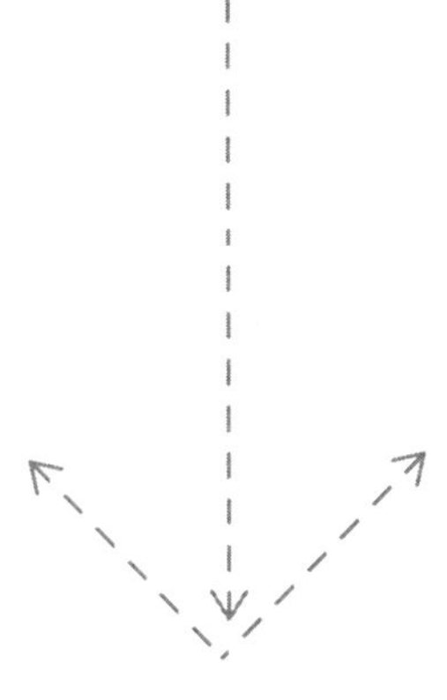

著名的应用数学家诺伯特·维纳

20 世纪以前，欧洲在很长一段时间内都是世界科技发展的中心，也是世界数学发展的中心，几乎大部分伟大的数学家都来自欧洲，只要翻看历史，就会知道那些伟大的数学家几乎都来自法国、英国、德国、意大利以及瑞士、挪威等欧洲国家。这样的情况显然和欧洲的发达程度息息相关，毕竟 20 世纪之前的欧洲在工业革命之后就成了整个世界发展的引擎。

20 世纪以后，美国开始崛起，世界经济中心、文化中心、政治中心、军事中心都在逐步向美国转移，而这一时期的美国数学也开始发展起来，19 世纪末 20 世纪初，美国渐渐出现了一批优秀的数学家，诺伯特·维纳就是其中的佼佼者。

诺伯特·维纳从小就是一个不折不扣的神童，他在 3 岁的时候智力就已经完全超出同龄孩子，开始进行阅读和写字，而且主要学的是生物学和天文学这些高难度的科目，以这样的读物作为启蒙教材，简直闻所未闻，但维纳学得很不错。令人奇怪的是，他在上小学的时候，乘法口诀总是背得很糟糕，一面对计算题，就会不自觉地掰着手指头开始数数，很多人都觉得维纳在数学方面一定是个白痴。

父亲曾经送他去学校接受教育，可是却让学校很为难，因为校方认为这个孩子根本没法安排，维纳的智力和阅读已经远远超出了其他同学，学校的教育根本无法满足他。14 岁的时候，其他孩子还在上初中，他已经大学毕业了。而到了 18 岁，他已经顺利完成了博士论文答辩，成为美国哈佛大学的科学博士。在当天的博士学位授予仪式上，执行主席看到满脸稚气的维纳，觉得有些不可思议，于是就当面询问对方的年龄。维纳的回答体现出了他高超的数学才能："我今年岁数的立方是个四位数，岁数的四次方是个六位数，这两个数，刚好把十个数字 0、1、2、3、4、5、6、7、8、9，全都用上了，不重不漏。这意味着全体数字都向我俯首称臣，预祝我将来在数学领域里一定能干出一番惊天动地的大事业。"

这个回答既包含了他的自信与雄心壮志，也包含了一个复杂的数学题，当时参加仪式的老师和学生都感到非常惊讶，同时也暗暗运用自己的数学知识进行运算。其实最终的答案就是 18，18 的立方为 5 832，而 18 的四次方为 104 976，这两个答案刚好包含了 0~9 这 10 个数字，可以说整个题目设置得非常巧妙。

在哈佛大学学习期间，维纳接触的是跨学科教育，因此得以让出色的智力以及才能得到横向的发展，并为在各个领域之间的关联性应用打下基础。他之后先后前往英国剑桥大学和德国哥丁根大学，在这期间，维纳真正成了一个将天赋转化成科研动力的人。因为他得到了罗素、哈代、希尔伯特等诸位数学名家的指导，在逻辑学和数学领域获得了突飞猛进的发展。尤其是罗素一直都在鼓励维纳研究数学逻辑和物理学，这直接促使维纳将数学和物理学、工程学结合起来研究，也使得他将注意力集中在应用数学领域。哈代教授了复变函数引论和实变函数基础等知识，希尔伯特则教他研究微分方程，在那之后，他终于从神童成长为了青年数学家。

但是他真正深入研究数学问题则是在 1918 年，当时他研读了数学博士格林的遗作，对现代数学立即产生了浓厚的兴趣，当时他侧重研究的是函数分析，并下定决心将一生都奉献给它。1919 年，他又听从了数学家巴纳特的建议，对函数空间中的积分问题进行研究，后来他提出了巴拿赫—维纳的空间理论。

维纳还拥有出色的语言天赋，他一生中竟然掌握了 40 多种语言。他还成了信息论和控制论这两门学科的创始人。在维纳的一生当中，他先后涉足哲学、数学、物理学、工程学，并且将数学巧妙贯穿在了物理学和工程学当中，成了当时美国乃至整个应用数学领域的杰出代表。

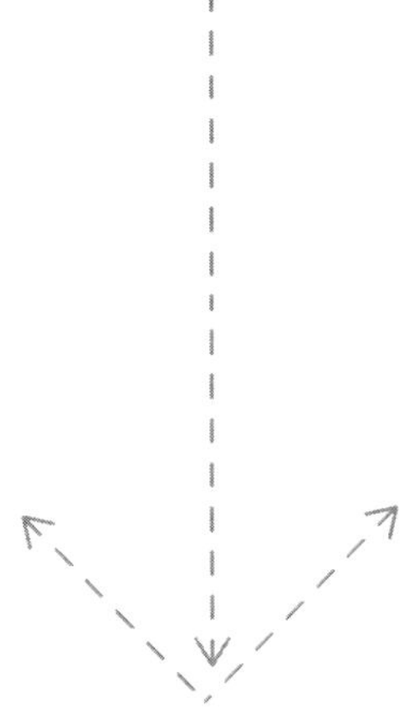

把计算问题交给计算机的冯·诺依曼

如今，计算机的应用已经非常普遍，就连我们日常使用的手机也成了一个微型计算机，而计算机的创造者之一就是冯·诺依曼。这个伟大的名字在很多领域都曾出现过，比如他曾经和纳什一样研究过博弈论，被称为“博弈论之父”；他在原子弹研发上也非常重要，是“曼哈顿计划”（制造原子弹）的主要负责人之一；他研究过量子理论和算子理论等高难度的物理学问题；在计算机领域，他有着“计算机之父”的称号。他的头衔有很多，每一个都赫赫有名。

冯·诺依曼是一个犹太银行家的儿子，父亲非常重视对他的教育，尽量为他提供最好的条件。而冯·诺依曼也非常聪明，据说他拥有过目不忘的本领，能够很快记住自己看过的东西，对于自己阅读过的书籍和论文，总是能一字不差地复述一遍。也正因如此，他学习能力很强，即便是很多复杂的东西在他这儿也很快就会被消化掉。6 岁的时候，他已经能够熟练运用古希腊语与父亲交谈，能够运用心算进行八位数的除法。8 岁的时候，他已经熟练掌握了微积分。10 岁的时候，他花费几个月时间读完了一部 48 卷的《世界史》，并且会对书籍进行评论和研究。12 岁的时候，他就读懂了数学家波莱尔的《函数论》。18 岁未满的时候，他就发表了数学论文，成了有名的数学家。

在大学攻读数学期间，他有一个很怪异的习惯，那就是从来不去讲堂里听课，只是每年按时回到学校考试，但每一次都能够取得优异的成绩。有空的时候，他就研究数学，和数学家通信讨论问题，并且对数理逻辑产生了兴趣。20 世纪 30 年代以后，冯・诺依曼在数学界已经有很大的名气了，在物理学以及化学方面，他也收获颇丰。而这个时候他经常在家里举办聚会，邀请当时最杰出的数学家、物理学家、化学家齐聚一堂，那里几乎聚集了世界上最优秀的科学家。

他在数学领域的主要成就在于对纯粹数学和应用数学的杰出贡献，比如在数理逻辑方面提出了序数理论，对集合论进行了公理化处理，之后开拓了很多新的理论，并且还创造了算子环理论。而更为重要的是，他走出数学的界限，直接将数学知识应用到物理学、经济学、电子科技等多个领域，使得应用数学达到了一个高峰。尤其是在计算机领域，他运用数学进行编程（二进位编码），开创了计算数学这一分支。正因为这些成就，使他得以步入 20 世纪最伟大数学家的行列。

冯・诺依曼是一位真正的天才，许多认识他的人都觉得他身上拥有一种魔力，能够将最复杂、最烦琐的问题简化成为最简单的东西，无论是数学问题，还是计算机设计，或者是原子核的相关理论，他都可以找到最简洁的方式来表述自己的观点，而这样的能力使得他能够在诸多领域取得重大突破，并成为人类历史上最伟大的科学家之一。

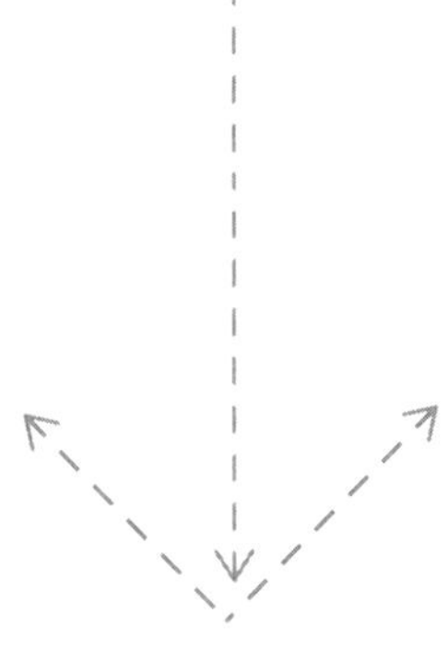

约翰·纳什：一个想要去南极洲当皇帝的博弈论大师

有甲、乙两个共谋的犯人被抓进监狱，然后分别被关押在不同的房间里，这个时候两个人之间根本无法进行有效沟通。为了让双方承认罪行，警察分别对两个犯人说：如果两人都对自己的犯罪事实进行抵赖，那么将会各判刑一年；如果两人都坦白犯罪事实，每个人将会被判八年；如果一个坦白而另一个抵赖，那么坦白的会因为将功赎罪而直接放出去，而抵赖的则被严判十年。

接下来犯人该如何做出选择呢？他们都面临着两种选择：坦白或者抵赖，但他们也不清楚另一方会做出什么选择。所以两个犯人都会对面对的情况进行分析：如果犯人甲和犯人乙一同选择坦白，那么双方会被判八年；如果犯人甲选择坦白，犯人乙选择抵赖，那么犯人甲将会被释放，而犯人乙会被判十年；如果犯人甲选择抵赖，而乙选择坦白，那么犯人甲就要坐十年牢，而犯人乙将会立即获得自由；犯人甲与犯人乙都选择抵赖，法院由于证据不足，只能判处两人一年刑期。

在这四种情况中，两个人都选择抵赖是最好的结局，但问题在于双方是否会存在这种默契，其中一方在选择抵赖时肯定会担心对方背叛自己而坦白罪行，这样对方就可能会立即释放，而自己就要坐十年牢。为了追求个人利益的最大化，这种事情不是没可能发生。因此，为了避免对方背叛自己，最佳的选择就是坦白罪行，这样一来，无论对方是坦白还是抵赖，自己面临的情况都不会变得更加糟糕。

这就是著名的“囚徒困境”，而这个困境指向的问题就是纳什均衡，纳什均衡是指博弈参与者形成一种策略组合，并且在这个策略组合当中，任何参与者如果试图单独改变自己的策略都不会得到好处。两个犯人都选择坦白就是一个纳什均衡。

有关囚徒困境和纳什均衡推动了博弈论的发展，而这也是数学家约翰·纳什最重要的成就之一。约翰·纳什小时候的数学成绩并不好，还经常使用一些莫名其妙的解题方法，老师甚至觉得他有些智力低下，他们不止一次向家长反映问题，但约翰·纳什的母亲并不那么看，她觉得儿子懂得另辟蹊径，这本身就是天赋的体现。果然，到了小学四年级的时候，这种数学才能开始体现出来，他经常可以使用简单的方法解答困难的数学题目。到了高中，这样的才能更是让人惊讶，他经常用几个简单的步骤就能够去掉老师写满一整个黑板的推导公式。后来，他接触到了《数学精英》这本书，并迷上了数学，这个时候他还出色地证明了某个和费马大定理有关的小问题。

高中毕业之后，他同时收到了普林斯顿大学、哈佛大学等多所高等院校的录取通知书，在选择了普林斯顿大学之后，他开始接触拓扑学、代数几何、博弈论以及逻辑学，在那之后，他在这些领域都获得了非凡的成就，并且因在抛物线和椭圆型方程方面的杰出贡献而获得了有数学诺贝尔奖之称的Fields奖（菲尔兹奖）。他因为经常喜欢研究一些折磨人的数学难题而被人当成孤独的天才，这也使得他出现了精神分裂的状况，经常把自己打扮得跟婴儿一样，赤脚在马路上晃来晃去，还说自己的报纸上都是一些外星人传来的信息密码，他还想着去南极洲当皇帝。

到了20世纪80年代，他的精神状况慢慢恢复，并且在1994年如愿获得了迟来的诺贝尔经济学奖，但他并没有就此止步，而是仍旧在数学、经济学领域发光发热，贡献自己最后的力量。

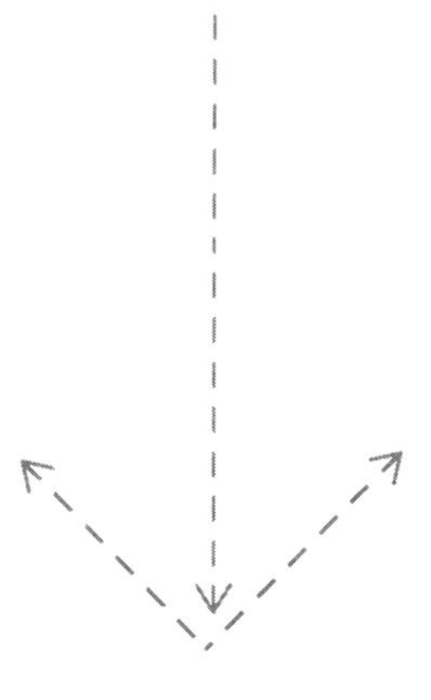

图灵：可计算实数的引领者

20 世纪之前，人们普遍认为所有的问题都是有算法的，只要找出这些算法即可。莱布尼茨在这样的情况下开创了数理逻辑的研究工作，但是到了 20 世纪初，人们突然发现很多问题根本难以找到算法。

针对这样的情况，英国著名的数学家和逻辑学家艾伦·麦席森·图灵在 1936 年发表了论文《论可计算数及其在判定问题中的应用》，在论文中，他直接从全新的角度来定义可计算函数，将计算归集为一些简单的基本的操作动作，这就是计算程序的由来。而这样的程序无疑第一次将数学计算和自动机联系起来，这就是后来的图灵机。

艾伦·麦席森·图灵也是计算机逻辑的奠基者，和冯·诺依曼一样，他是计算机制造的重要推动者。他的主要功绩在于明确计算机和程序设计原始理论上的构思以及一些开创性的理论，其中计算机程序是他非常看重的一个问题，他希望计算机可以从自动化进化到智能化。在“二战”

期间，他曾经帮助盟军打造了一台特殊的机器，并以此破解了德军的军事密码。当然这台机器并不属于数字式的计算机，但为现代计算机的发展奠定了基础。

图灵之后投身于计算机的研发当中，他甚至预测科学家完全可以在 2000 年之前制造出模拟人类智力的机器，而数学将会是重要的研究工具，他还创立了算法来支持计算机的研究工作。为了打造智能化的机器，就需要了解生物学，所以图灵也喜欢用数学来研究生物学的相关理论，并由此提出了图灵机的概念，在这个概念中，他提出了一些重要的衡量标准，即图灵测试，只要通过测试的机器都可以称为智能机。

当然图灵机的概念以及设计原理和数学息息相关，如果没有相应的数学知识，没有将数学计算和自动机结合起来，那么图灵机的制造就会陷入困境。而数学恰恰是图灵的强项，他在少年时代就开始对数学产生浓厚的兴趣，并且对数字和智力游戏很痴迷，不过他对于前人的理论成果并不感兴趣，而是习惯了什么数学问题都要自己证明和分析一遍，也正因如此，他在 1935 年写出了论文《论高斯误差函数》，而这篇论文直接使得他成了国王学院的研究员，并在 1936 年获得了英国著名的史密斯数学奖。同样是在 1936 年，他发表了最重要的数学成果《论可计算数及其在判定问题中的应用》，这篇论文很快引起了学术界的关注，并且为图灵机的设计提供了最大的帮助。

很多人在提到计算机的时候往往会忽略图灵这个名字，但事实上，如果没有他的数学研究工作，没有他对可计算函数简化成操作动作，并创造出一个图灵机的数学模型，那么计算机以及更多的智能机的研发将无法变成现实。也正是因为这样，人们为了纪念他在计算机领域做出的卓越贡献，就设立了“图灵奖”。

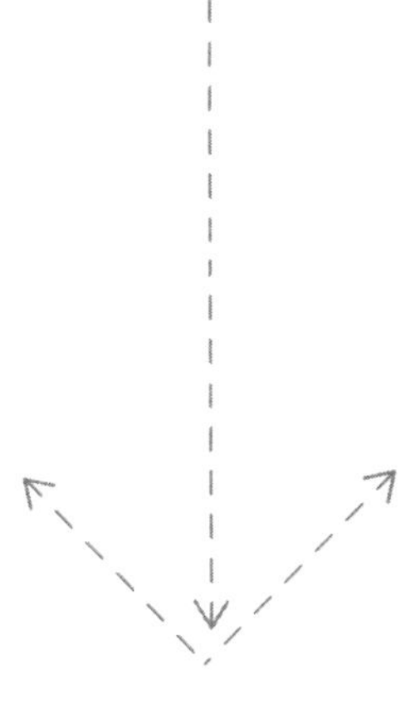

拒绝领取数学最高奖项的佩雷尔曼

数学家庞加莱曾经提出了一个命题：任一单连通的、封闭的三维流形与三维球面同胚。简单来说就是每一个没有破洞的封闭三维物体，都拓扑等价于三维的球面。想要解释这个猜想，可以用吹气球来进行描述，假设有个人在一个没有窗户和门的密闭房间里吹气球，而且这个气球完全可以吹得无限大且不会破掉，那么当这个人在房间里吹气球的时候，气球最终会填满整个房间，和房间的四壁、房顶、地板紧密贴合在一起，不会留下任何缝隙。这样一来，等同于房间大小的气球又可以慢慢收缩成一个点。

庞加莱猜想涉及拓扑学的知识，而拓扑学是研究几何图形或空间在连续改变形状后保持不变的性质的学科。由于该学科的知识比较复杂，庞加莱猜想曾经被搁置很长一段时间，但是当数学家们意识到这个数学猜想的价值之后，他们开始对其进行研究，但是数学家们并没有给出完整而准确的证明。1982 年，理查德·汉密尔顿引入了瑞奇流（Ricci）的概念，并且以此证明了几种情况下的庞加莱猜想，但他的工作仍有局限性。

2002 年到 2003 年，俄罗斯的天才数学家佩雷尔曼在互联网上发表了三篇论文，宣布自己证明了这一猜想，从而为人类研究和理解三维空间开拓了新的道路，而这也为他赢得了 2006 年的菲尔兹奖。不仅如此，为了奖励佩雷尔曼，克莱数学研究所 2010 年还奖励了他 100 万美元，但是他对于菲尔兹奖和奖品都直接拒绝了。

许多人都为这个数学天才和怪才感到好奇，而佩雷尔曼从小就表现出了怪异的一面，在 4 岁的时候，其他孩子还在想着如何尽情玩耍时，佩雷尔曼已经埋在数学课本中难以自拔，他几乎从不出门玩耍。6 岁的时候，很多孩子进入学校学习二位数以内的笔算时，佩雷尔曼已经可以轻松在大脑中进行三位数的加减乘除了。

1982 年，进入圣彼得堡第 239 中学的佩雷尔曼，就在国际数学奥林匹克竞赛中拿到了金奖，并且获得了有史以来的最高分 42 分（满分）。不久之后，美国的一所大学希望邀请这位数学天才赴美学习和深造，但是却被他直接拒绝了。他留在了圣彼得堡，并免试进入圣彼得堡大学数学系学习，在大学里，他的天赋展示得淋漓尽致，同学和老师都觉得他似乎来自外星球。考取研究生后，他留在了国内的研究所上班。

苏联解体之后，父亲和妹妹开始移民以色列，但是母亲已经爱上了俄罗斯这片土地，她不愿意离开，佩雷尔曼于是毅然留在母亲身边，并且下定决心永远不离开母亲。在这之后，佩雷尔曼曾前往美国访问，并且解决了多个世界级数学难题，美国多家大学都想要聘请他，但是他仍旧拒绝了所有的邀请。欧洲数学会在1996年给他颁奖，他又一次拒绝了。就连俄罗斯的研究所准备授予他科学院院士的头衔，他依旧只有一个态度——“拒绝”。

这位全身心投入数学研究的数学家，生活很朴素，总是购买一些便宜且非常好做的食品，他不愿意花太多时间在这些事情上。此外，他也不喜欢和媒体打交道，不喜欢那些浮夸的镁光灯，不喜欢世俗名利的牵绊，记者们给他拍照会挨骂，世界知名的科学杂志想要采访他，他根本连见面的机会也不给，他还经常玩失踪，前往谁也不知道的大森林里隐居起来。以至于美国《纽约时报》的一篇报道开头就这样写着“佩雷尔曼，你在哪里？”许多人不理解他为什么要和功名利禄乃至外界隔绝开，事实上，他只想把自己留给母亲，留给数学，至于其他的东西，他根本毫不在乎。无论如何，这位如同隐士一般的数学天才，成了最近几十年最优秀也最有风格的数学家之一，相比于其他人，他或许才是一个真正意义上的学者。

Chapter 7

第七章

近现代中国顶级的数学家

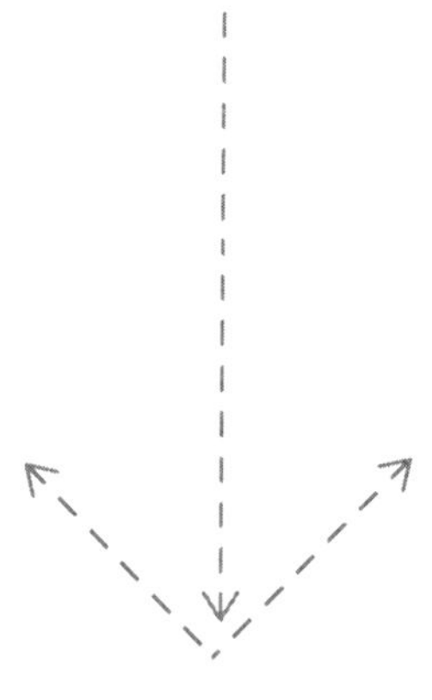

中国现代数学先驱熊庆来

谈到中国现代数学的发展时，总是绕不开一个重要的名字，这就是熊庆来。他是一个伟大的数学家和教育学家，在中国现代数学的发展以及人才教育方面做出了突出贡献。从某种意义上来说，他是影响中国现代数学发展的重要人物，没有他，中国现代数学的发展将会失色不少，可以说他是中国数学界一个教父级别的人物。

熊庆来从小在云南上学，成绩非常优异，也正因如此，他在1913年获得了公费留学比利时的机会，主修矿业，但“一战”的爆发，使得他转攻理科。接下来的几年时间里，他又辗转4家欧洲大学，在高等算学、高等数学分析、理论力学、理论天文学、高等普通物理学方面获得证书，并获得理科硕士学位。

1921年回国后，他立即被东南大学聘为算学系（数学系）的教授兼主任。由于当时学校的师资力量有限，硬件设施跟不上，很多讲义和教材只能自己编写。熊庆来只能自己动手，并且还在5年时间里开设了十多门高深的课程。1926年，熊庆来又被清华大学算学系邀请，为学生讲授几何初步、微积分等内容，他还编写了《高等算学分析》一书，成了重要的教材。

多年来，熊庆来帮助中国培养了一大批顶级的数学家，著名的数学家华罗庚、段学复、徐宝禄、庄圻泰都是他的学生，著名的物理学家钱三强、赵九章、赵忠尧、严济慈、柳大纲也是他的学生，其中他慧眼挖掘华罗庚的故事更是为人称道。某一天，他在某杂志上看到了一篇论文:《苏家驹之代数的五次方程式解法不能成立之理由》，很快就被里面的内容吸引住了。更加重要的是，他得知写出这篇论文的是一个自学成才的年轻人，内心更是激动不已，他觉得这样的数学人才绝对不能被埋没，于是就四处托人找到华罗庚，并且破格邀请他前往清华大学担任图书馆的馆员，一边工作，一边听课。要知道当时的华罗庚只有初中文凭，但正是熊庆来的挖掘和培养，使得华罗庚成了驰名中外的大数学家。

虽然一直都在忙于教育事业，不过熊庆来并没有落下自己的数学研究。熊庆来在深入研究数学家波莱尔提出的有穷级整函数值分析问题的基础上，深入研究了无穷级函数，并在1934年发表了重要的论文《关于无穷级整函数与亚纯函数》，这篇文章立即引起了国际数学界的震动，国际上将他的研究成果称作“熊氏无穷数”，他本人也因为这篇论文获得了法国国家博士学位。

可以说，熊庆来是我国现代数学发展史上一个非常重要的人物，堪称中国现代数学先驱，也是中国数学界和科学界的一代宗师。他不仅在数学方面取得了重大的成就，更为国家培养了大量的人才，而这些人都成了数学界的翘楚。有人认为熊庆来及其学生奠定了中国现代数学发展的半壁江山，这话丝毫没有夸大的成分。

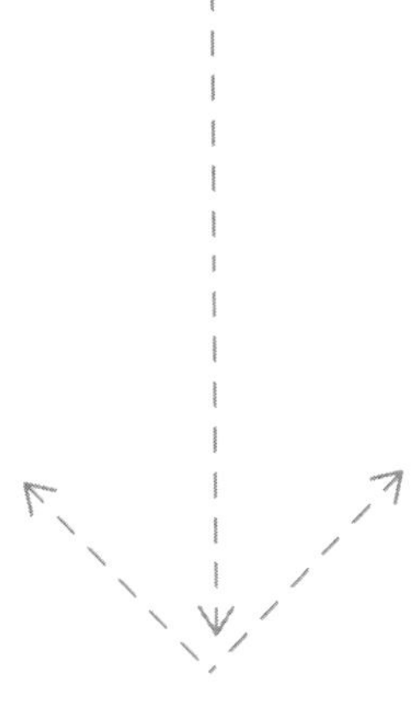

中国现代数学之父华罗庚

在近代，由于中国国力比较虚弱，加上一度遭受外国入侵，使得经济、科学、文化全面落后于西方国家。新中国成立之后，国家百废待兴，各个领域都需要重新起步，其中数学也是一样，由于将近两百年的时间都落后于世界，中国数学不仅失去了领先位置，而且早就和世界数学脱轨了。这个时候，很多数学家都意识到中国数学需要尽快发展起来，而在这些人当中，华罗庚就是一个典型的代表。

华罗庚 1910 出生于江苏太湖湖畔的金坛县，当时父亲华老祥为了图吉利就将他放在箩筐之中，由于有“进箩避邪，同庚百岁”的说法，大家就给他取名华罗庚。作为一个数学大师，华罗庚的起点并不高，他从小就十分贪玩，学习成绩很平常，甚至还经常出现不及格的情况，大家都觉得这个孩子长大后难成气候。

学校的老师还经常批评华罗庚的字，都说人如其字，华罗庚的字写得歪歪扭扭，而且还经常在作业本上乱涂乱改，完全没有章法，老师们觉得华罗庚不适合读书。可是有一位叫王维克的教员却发现了华罗庚身上与众不同的东西，他研究了华罗庚作业上涂改的地方，意识到这些都反映出华罗庚解题时喜欢使用其他方法来进行解答，王维克认为这是一种非常重要的思考和探索精神，也是做科学研究必备的品格。

有一次，王维克给学生们布置了一道来自《孙子算经》中的题："今有物不知其数，三三数之剩其二，五五数剩其三，七七数剩其二，问物几何？"学生们都在抓耳挠腮冥思苦想时，14 岁的华罗庚很快站起来给出了答案。这一下王维克更加坚定了自己的看法，华罗庚具备成为一名大数学家的潜质。

不过由于家庭贫困，他很快退学，帮着父亲料理杂货铺艰难度日。不过他并没有放弃数学，而是在五年时间里，依靠自学掌握了高中和大学低年级的全部数学课程。之后，他在上海《科学》杂志上发表论文，并在 1930 年发表了《苏家驹之代数的五次方程式解法不能成立之理由》，轰动了整个数学界，并在熊庆来的邀请下前往清华大学。

1935 年，著名数学家诺伯特·维纳访问中国，在见到华罗庚后，很快注意到他身上的潜质，并直接将其推荐给了大数学家哈代，之后他顺利成了哈代的学生。在英国剑桥大学里的两年，华罗庚受益匪浅，并且发表了一系列重要论文，其中有一些为他赢得了世界性的声誉。

心系祖国的华罗庚很快回到了国内，并且在 1941 年完成了第一部数学专著《堆垒素数论》，并很快被翻译成外文传播开来，他也被美国伊利诺伊大学聘为正教授。可是新中国成立之后，他放弃了优裕的生活和高薪，毅然回到了祖国的怀抱，因为他意识到中国更加需要他这样的数学家，中国的数学事业需要他这样的数学家来建设。

回到祖国之后，他很快成立数学研究所，并且吸收和招揽了更多的优秀数学家进入研究所工作，而他自己也致力于推广数学。为了构建中国数学的体系，他在解析数论、多复变函数论、矩阵几何学、典型群、自守函数等多个领域都投入了大量的心血。在国际上，以华罗庚命名的定理非常多，著名的“华式定理”“华式不等式”“华式算子”“华—王方法”“怀依—华不等式”“普劳威尔—加当华定理”，都为国际数学的发展做出了重大贡献。他还依据国情开创了中国数学学派，并且带领众多数学家使其达到了世界一流的水平。不仅如此，华罗庚还主张发展应用数学，并将数学知识运用到生产劳动当中去，取得了傲人的成果。

可以说，华罗庚一生都在钻研数学，一生都将自己所学奉献给了中国，他是一位拥有爱国情怀的伟大数学家。作为新中国数学事业发展的奠基人，他被称作“中国现代数学之父”。

1985 年 6 月 12 日，华罗庚在东京大学数理学部发表名为“理论数学及其应用”的演说时，突然心肌梗死，倒在了讲台上，当天晚上不幸去世。可以说他是真正的一直到最后都在为数学而拼搏的数学家。

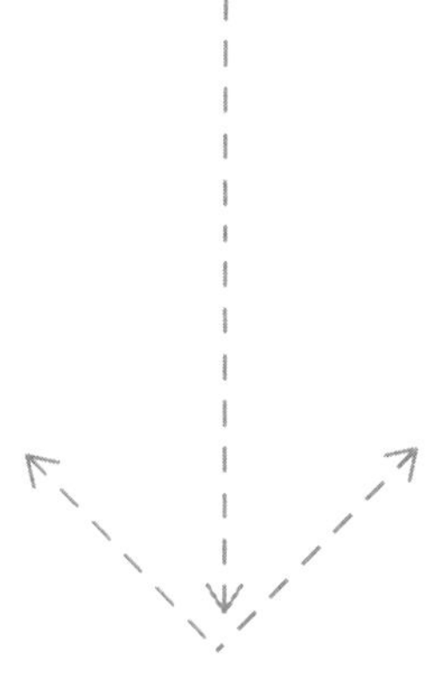

现代微分几何的开拓者陈省身

中国古代的几何学曾经一度领先世界几百年，不过近代中国国力的羸弱，使得中国几何学开始落后于世界，中国的几何学数学家也越来越少，而且在很长一段时间内，中国缺乏世界顶级的几何数学家，不过陈省身却是中国为世界输出的一位顶级的几何学数学家。陈省身是 20 世纪世界上最重要的微分几何学家之一，作为一个多产的数学家，他在积分几何、网几何学、射影微分几何、外微分形式、偏微分方程、全曲率与各种浸入理论、极小子流形等领域都有很大的贡献，但最重大的贡献主要还是集中在微分几何学及其相关的分支中，被誉为“微分几何之父”。

陈省身 1911 年出生于浙江嘉兴，少年时代就对数学表现出了很大的兴趣，一有空就抱着数学书阅读。后来他考入南开大学数学系，成了大学里的风云人物。那个时候的他不仅学习成绩好，而且还喜欢打桥牌，喜欢研读数学书。1931 年，他成功考上清华大学研究院，成了中国培养的第一批数学研究生。

由于成绩突出，他获得中华文化教育基金奖学金，并前往国外留学。到了1936年，他前往法国巴黎，并且师从法国几何学大师嘉当研究微分几何。嘉当对于陈省身非常看重，他几乎每两个星期就会邀请陈省身去家里做客，然后每次聊天一个小时，面对大师的谆谆教诲，陈省身受益匪浅。1943年，他应邀前往美国普林斯顿高等研究院工作，并在两年时间里发表了一生中最重要的数学论文《闭黎曼流形的高斯——博内公式的一个简单内蕴证明》以及《Hermitian流形的示性类》，这两篇论文中的理论为大范围微分几何提供了不可或缺的工具，而且这些概念和工具更是超越了微分几何与拓扑学的范畴，成了整个现代数学中重要的组成部分，正因如此，这两篇论文直接奠定了他在世界数学史上的地位。

1984年，陈省身获得了数学界的终身成就奖——沃尔夫奖，这在整个华人数学圈中都是很少见的。2009年，为了纪念陈省身在微分几何领域的卓越贡献，国际数学联盟设立了“陈省身奖”，而这是国际数学联盟首次以华人数学家命名的一项数学大奖。据说国外曾经对世界数学家进行排名，华罗庚排名第90位，而陈省身高居第31位，由此可见他在国际数学界的地位。

除了在数学研究上做出重要贡献之外，陈省身还是一位重要的数学推广者，他晚年一直致力于帮助中国建设更好的数学事业。比如，1985年，南开大学数学所成立，陈省身为所长，他主张将南开数学所办成一个开放的数学所，面向全国，服务全国，并先后举办了多次学术活动。

2001 年，他提出了要在南开大学建立技术学研究中心的设想，以此更好地招揽数学人才，推动南开数学学科的发展，并且更好地促进国内外数学的交流。同年 7 月，南开大学副校长写信给中央，以陈省身的名义申请建立国际数学研究中心。可以说，晚年的陈省身将大部分精力都贡献给了国家数学事业的建设。

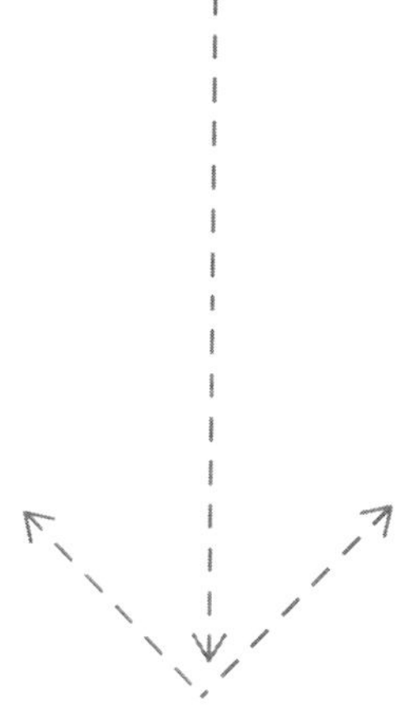

站在锥面上的苏步青

苏步青是我国非常著名的数学家，他出生在一个农民家庭，父母都没有念过书，但是他们也都望子成龙，因此在家庭条件不允许的情况下，仍旧坚持送儿子上学。而苏步青从小就很懂事，学习成绩也非常优异，当时他最喜欢的科目是语文。

上中学的时候，班上来了一位从日本留学归来的杨老师，他经常给同学们谈论数学的重要性，并且强调数学是科学的先锋，只有数学水平提高了，科学水平才会提高，国家才能强大起来，改变积贫积弱、遭受侵略的局面。杨老师经常会给学生们教授最新的数学知识，而且教学方法也很新颖，这让苏步青的态度发生了改变，他很快将兴趣从语文方面转移到数学上来。

有一次，杨老师布置了一道数学题，他让同学们证明一条几何定理，结果苏步青直接用 20 种不同的方法证明了这一条定理，震惊了整个学校，校长承诺以后要送他出国留学。苏步青17岁的时候，已经前往北京教育部任职的这位中学校长，寄来了200元钱资助苏步青前往日本留学。

在日本留学期间，苏步青努力学习且表现出众，以优异的成绩考入了东北帝国大学数学系。而大学毕业后的第二年，他就在一般曲面研究中发现了四次代数锥面，这是一个重大的数学成果。当论文发表之后，立即轰动了数学界，人们将他的发现称为“苏锥面”，他本人也被称为“东方第一几何学家”以及“东方国度上灿烂的数学明星”。

在那之后，他开始潜心钻研数学问题，其中仿射微分几何领域是他侧重的研究内容。1931年，他拒绝了国外大学开出来的高薪条件，选择回到了阔别12年的故土，开始在浙江大学数学系任教。因为在1929年的时候，朋友陈建功曾经约他一起回浙大教书，苏步青当时意气风发地说道：“你先去，我毕业后再来。让我们花上20年，把浙大数学系办成世界第一流的数学系。”他在毕业后很快就兑现了这个承诺。

当时浙江大学的师资力量很差，加上国内战乱不断，教学和科研工作都面临诸多困难，但是他仍旧不放弃，不仅制订了一套现代化的教学计划，还制定了很多学习规则。结果在短短的几年时间里，浙江大学数学系就已经在培养人才方面展示出雄厚的实力，数学系培养出了好几位优秀的数学家，并形成了以苏步青为首的浙江大学微分几何学派。1942年，剑桥大学教授李约瑟参观了浙江大学数学系，忍不住惊叹：“你们这里是东方剑桥。”

苏步青和专门挑选出来的学生们一同研究射影微分几何，并且取得了一系列成果。1945 年《射影曲线概论》出版，详细介绍了他们在射影微分几何领域的优秀成果。在那之后，苏步青又在微分几何领域取得了很多突破，创立了一般空间微分几何以及射影共轭网理论，还开辟了计算几何这一个新的数学研究方向。这些成就使得他成了当时中国最优秀的数学家之一，也成为世界上最具影响力的数学家之一。

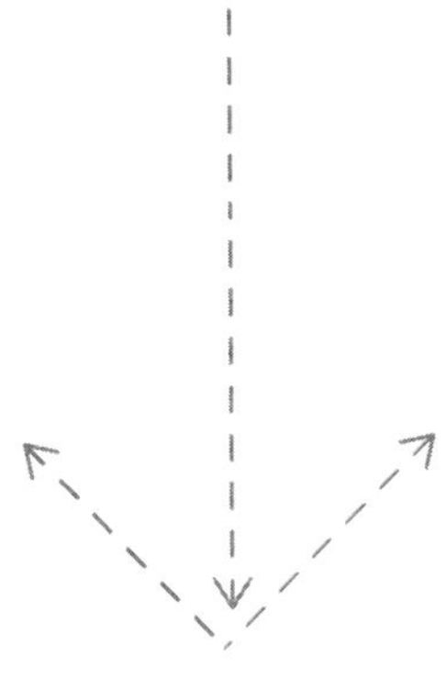

中国函数论研究领域的大师陈建功

近代的日本在经历明治维新之后，开始变得强大起来，无论是经济、军事还是文化水平都得到了质的提升，因此当时对于国内那些寻求救国之道的人来说，前往日本求学是最好的一种选择。在这样的时代背景下，许多年轻人都想办法前往日本留学，而在这些人当中，有一个年轻人却很特别，他就是陈建功。

陈建功前后三次东渡日本求学，第一次是在日本东京高等工业学校学习染色工艺（1914 年），第二次则是考入东北帝国大学数学系学习数学（1920 年），第三次则前往东北帝国大学研究生院攻读博士学位（1926 年）。1929 年，他获得了东北帝国大学研究生院理学博士学位，成了日本获此殊荣的第一位外国学者，因此他成了整个日本的名人。当时陈建功的导师藤原先生在祝贺会上说了这样一番话：“我一生以教书为业，没有多大成就。不过我有一个中国学生，名叫陈建功，这是我一生之最大光荣。”

陈建功为了报答恩师，在结合了当时国际上的最新研究成果以及自己的研究成果的基础上，用日文编写了《三角级数论》这本书，结果该书在日本被当作基础数学参考文献长达数十年时间。同一年，他婉拒老师的挽留，毅然回到国内，并且接受了浙江大学数学系主任的职位。

之后，他在浙江大学数学系工作了将近 20 年，为浙大培养了一大批优秀的数学人才，还和苏步青一同创立了浙大学派。1952 年，由于浙江大学文理学院并入复旦大学，陈建功被调至上海复旦大学，而此时，他一方面坚持给学生们授课，另一方面则专心研究数学，并且写出了《直交函数级数的和》《实函数论》等著作。1958 年，他应上海科技出版社之约，将自己数十年来的研究成果与国际上最先进的研究成果结合在一起，写成了《三角级数论》（比之前在日本写的还要更加完善）。不仅如此，他专门研究苏联的数学理论成果，还翻译了许多重要的作品，让中国学者有机会了解更多更加先进的数学知识。

陈建功一生都与数学结缘，而且也将一生的精力投入数学研究和数学教育当中，作为一个学者，他在数学领域的成就有目共睹。作为一个教育家，他一直都以身作则，努力投身数学教育事业，将自己所学知识全部传授给学生，为国家培养了一大批数学人才，壮大了我国的数学人才队伍，为中国数学的复兴打下了坚实的基础。

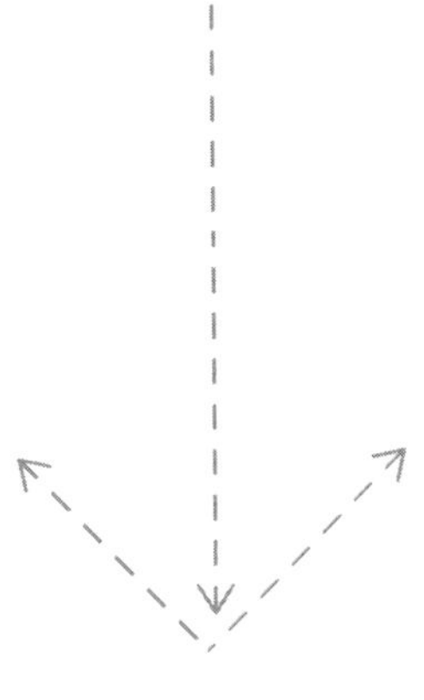

将证明 1+2 当成毕生事业的陈景润

1742 年，德国中学教师哥德巴赫给大数学家欧拉写了一封信，里面谈到了这样一个问题：任何一个大于 2 的整数都可以写成三个质数之和。当时欧拉给出了回应：“任何一个大于 2 的偶数都可以写成两个质数之和。”欧拉在信中认为这样的推论是正确的，但是他没能给出证明，而这一问题也就演变成为世界近代三大数学难题之一，后世的数学家更是认为哥德巴赫猜想就是数学皇冠上的一颗明珠。

几百年来，数学家们一直都渴望给出证明，1920 年，挪威数学家布朗证明了 9+9；1924 年，德国的拉特马赫证明了 7+7；接下来，人们分别在 6+6、5+5、4+4 上做出证明。后来这个数学难题传入中国，而中国著名数学家王元在 1956 年给出了 3+4 的证明，1962 年，数学家潘成桐证明了 1+5，王元之后证明了 1+4。1965 年，苏联人证明了 1+3，而最接近解开谜题的数学家陈景润，则依靠自己的努力，证明了 1+2。

陈景润是福建人，他从小就非常喜欢研究数学，由于家庭贫困，他自己也不喜欢说话，经常被其他孩子欺负，他干脆将所有的委屈全部化为学习的动力，一门心思投入学习当中，其中数学是他最感兴趣的科目。有一次老师在谈到中国古代数学的辉煌成就时，谈到了祖冲之、秦九韶等人，他鼓励学生们跟上时代的脚步，重现数学的辉煌。而这个时候，老师谈到了“哥德巴赫猜想”，而陈景润对老师的话完全入迷了，他下定决心要摘下这颗数学皇冠上的明珠。

1950年，陈景润考入厦门大学数理系，之后曾在厦门大学短暂任职。一有空，他就会在稿纸上进行运算。正因如此，1957年，爱才的华罗庚将他调到中国科学院数学研究所，这个时候的他更加勤奋，几乎每天都将自己关在小小的房间里计算。别人算数学问题时往往只需要几张稿纸，而陈景润则是用麻袋来计算的。那个时候，陈景润的生活学习条件非常艰苦，有时候连纸笔也买不起，而他的运算方式也很传统，就是用笔一点点算。要知道当时的欧美数学家都采用计算机来运算，无论是速度还是效率都远远超过陈景润，但即便如此，依靠着过人的天赋和惊人的毅力，陈景润还是使用传统的筛法在证明的道路上一步步靠近答案。

经过十几年的奋斗之后，陈景润终于给出了1+2的证明，1965年5月，他发表了论文《大偶数表示一个素数及一个不超过2个素数的乘积之和》，论文一经发表，很快在国际上引发轰动，虽然这些年来，有很多数学家不断给出新的证明，但是大家还是不敢相信竟然会有人能够将哥德巴赫猜想计算到1+2的地步。在证明陈景润的研究方法正确之后，国际上将陈景润的成果定义为“陈氏定理”。

作为一位世界级的数学家，陈景润堪称一个另类，在数学领域，他是一个王者，拥有无可匹敌的智慧和气势，他有能力处理好最复杂、最困难的数学问题。可是在生活中，陈景润就像一个完全与社会脱节的怪人，他不怎么说话，也没有太多的社交活动，平时一个人待在家里。出去买东西的时候，就连很多日常用品，他也叫不出名字，也不知道这些商品的分类，所以闹出不少笑话。但也许正因如此，他才能够将精力全部投放在数学研究上。

在得出 1+2 的证明之后，陈景润一直都想要更进一步，证明出 1+1 这样的终极答案，但是直到去世那一天，他也没能完成手上的工作。现如今，哥德巴赫猜想仍旧处于待解的状态，而现代数学家认为依靠现有数学体系想要解决这一问题几乎是不可能的，除非出现了新的数学理论系统以及新的数学观念，否则这个猜想还将继续存在下去。可以说，陈景润依靠着自己的努力，在现代数学体系中已经做到了极致，仅凭这一点，他就足以成为世界上顶级的数学家了。

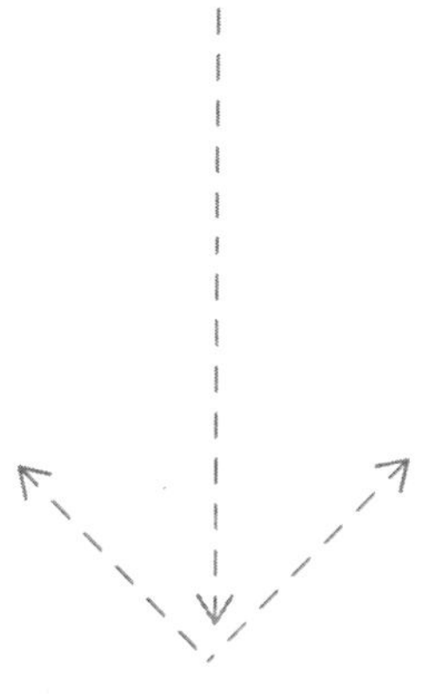

中国著名的教育学家吴大任

吴大任也算是出身于读书人的家庭，父亲中过举人，后来从事商业以及文教事业，还担任过中学校长的职务，这些都对吴大任的成长产生了积极的影响。吴大任从小就喜欢看古籍和小说，数学成绩也非常优异，1926 年，他被保送到南开大学理学院，并且免除了学费和住宿费。

上学期间，吴大任和哥哥吴大业、堂兄吴大猷一同就读于南开大学，三个人都是品学兼优的优等生。当时南开大学理学院仅有一个奖学金名额，结果被吴大猷和吴大任给垄断了，两个人在大学四年分别拿了两次。哥哥吴大业在南开大学商学院的表现也非常出众，兄弟三人被称为“吴氏三杰”。

吴大任一开始就读于物理系，可是到了 1928 年，著名的数学教育家姜立夫回到了南开大学，所以喜欢数学的吴大任直接转到数学系，然后开始学习高等微积分、立体解析几何、投影几何、高等代数、复变函数论、非欧几何等高深的数学知识。姜立夫的思考方式非常缜密，教学方法灵活多样，这些都对吴大任日后的教学工作产生了深远的影响。

1930年，吴大任毕业后考入了清华大学研究院，当时一同考入的还有他的同学陈省身，之后陈省身攻读投影微分几何，而吴大任则半途中断学业，回到南开大学担任助教。1933年，大学导师帮助他争取到了一个公费留学英国的数学名额，吴大任想去剑桥大学，可是工作人员并没有做好安排，他最终前往伦敦大学，而伦敦大学的师资力量让他感到失望，最后只能前往德国汉堡大学。

由于时间上耽搁了太久，吴大任放弃了申请博士学位的机会，因为公费留学的时间只剩最后一年，而博士则最少要修一年半的副科课程，再三思考之后，他认为写论文、做研究更为重要，而有没有学位无关紧要。从这件事就可以看出吴大任是一个对功名利禄毫不在意的人，他真正关心的只有数学，只有数学研究。在汉堡大学，他的表现让导师震惊，对方也希望他可以考虑一下申请博士学位，但是吴大任一笑了之。在那之后，吴大任写出了两篇重要的论文《关于积分几何的运动重要公式》以及《关于椭圆几何》，结果让很多人都感到震惊，大家都希望他可以继续留在德国，但是吴大任的心此时已经飞回国内了。

在那之后，吴大任毅然回到了祖国，继续自己的研究工作，并在数学科研工作中取得了突破，研究涉及积分几何、非欧几何、微分几何及其应用。与此同时，他也开始投身于数学教育活动以及教学管理活动当中，开设了微积分、积分几何、高等代数、微分几何、维空间几何、点集拓扑、代数拓扑等课程。当时他的讲课风格深受学生欢迎，许多人专门来听他讲课。

吴大任的后半生都积极投身于教育事业和行政管理工作，数学研究工作方面或多或少都受到了影响，陈省身后来成了国际上伟大的数学家。相比之下，吴大任在学术研究方面要差一些，许多人都在替他惋惜，要知道两个人当年一同学习时，吴大任的成绩比陈省身还要好，在留学期间，吴大任的表现也完全不输给陈省身，但是回国后由于忙于教育事业，他自己的研究工作耽误了不少。吴大任总是不以为意，觉得教育工作同样很重要，毕竟为祖国培养人才是头等大事。而事实同样如此，吴大任不仅为国家的数学研究做出了重要贡献，更是为国家培养了大批数学人才，他开设的数学课程以及编订的数学教材，都为国家的数学教育事业发展提供了很大的帮助。

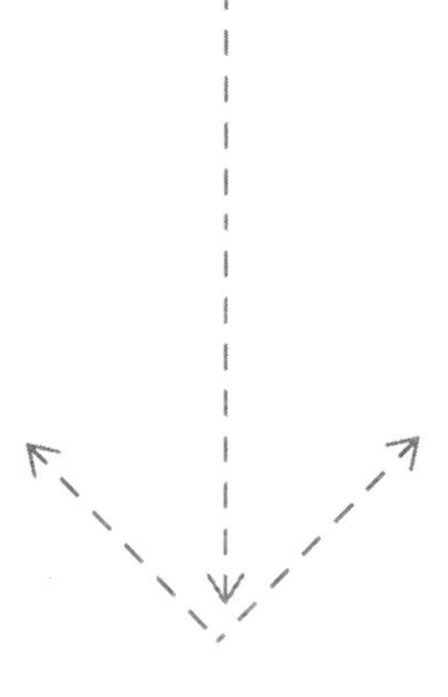

“数学界的恺撒大帝”丘成桐

微分几何一直都是数学领域非常难的内容，相比于其他数学分支，微分几何涉及很多高深的数学问题，而且内容也比较繁杂，处理起来往往很困难，这也是为什么很多优秀的数学家终其一生可能也无法在这一领域建功立业，而且就数学的整个发展情况来看，微分几何领域的数学家总体上是偏少的，能够在这一领域登顶的数学家通常也都是世界顶级数学家。在中国，微分几何一直都是一个相对陌生的领域，在这一领域取得成就的数学家也不多，陈省身是其中的一位大师，而除了他之外，丘成桐也是华人中为数不多的微分几何大师。

丘成桐是客家人，祖籍在广东，由于早年丧父，他的少年生活特别贫困，但就在这样艰难的条件下，母亲依然选择供他读书。而丘成桐不负众望，在香港培正中学取得了优异的成绩，并且顺利考入香港中文大学数学系。当时在美国伯克利加州大学担任教授的陈省身对他非常器重，于是破格将其录取为研究生，并亲自进行指导。当时陈省身对他给予了很高的评价：“21 岁毕业时就注定要改变数学的面貌。”

果不其然，在伯克利学习期间，这个天才式的人物就通过难度极高的偏微分方程成功证明了卡拉比猜想，之后又证明了正质量猜想、爱因斯坦猜想、史密斯猜想、闵可夫斯基问题等一系列数学难题，还直接开创了几何分析这样一个崭新的数学领域。1978 年，他在芬兰举行的世界数学大会上做了题为“微分几何中偏微分方程作用”的学术报告，直接代表了 20 世纪 80 年代前后微分几何的研究方向、研究方法以及研究的主流。之后的几年时间里，他又解决了几个世界级别的数学难题，因此成了微分几何领域的佼佼者。有人说，丘成桐的研究成果几乎可以影响数学和物理学发展进程 100 年以上，比如他证明的卡拉比猜想，就对物理学产生了深远的影响。

正因如此，1981 年，丘成桐获得了美国数学会的维布伦奖，1982 年，他被授予菲尔兹奖，丘成桐是第一个获得菲尔兹奖的华人数学家。1989 年，丘成桐成了世界微分几何的新一代领导人，并出席了洛杉矶举办的微分几何大会。1994 年，他获得了克劳福奖。2010 年，他成为继陈省身之后第二位获得沃尔夫奖的华人数学家。《纽约时报》曾经对丘成桐给出至高评价：“数学界的恺撒大帝。”

丘成桐是当代最具影响力的数学家之一，他的工作不仅仅停留在微分几何层面，像拓扑学、代数几何、表示理论、广义相对论中都有他的重要成果。除了在数学研究方面做出了重大贡献，丘成桐还是一位出色的教育学家，虽然他是美国籍的华人数学家，但是一直心系祖国，从1984年起就一直开始从中国招收博士研究生，为国家培养了很多优秀的分析几何方面的人才。

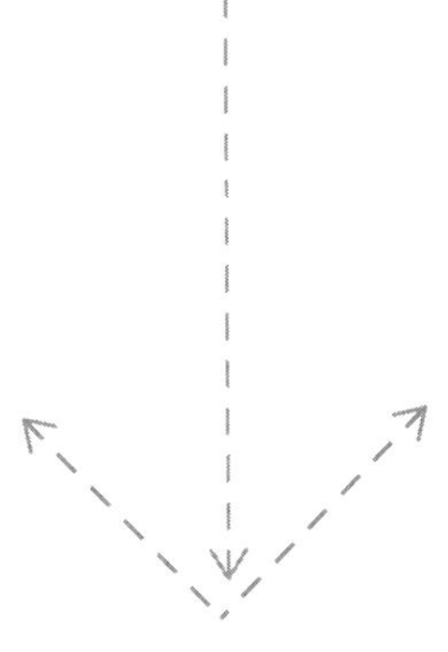

获得国家最高科学技术奖的吴文俊

2001 年 2 月，国家最高科学技术奖颁给了两位杰出的中国科学家，其中一位是“杂交水稻之父”袁隆平，另一位就是大数学家吴文俊。吴文俊出生在上海，祖籍浙江嘉兴，由于当时的中国连年战乱，家人只能逃亡到地势较高的上海青浦县。之后虽然他也曾回到嘉兴，但很快还是回到上海。在学生时代，吴文俊最大的兴趣是物理学，他的物理学成绩非常好，物理老师在了解和分析这个学生之后，给出了一个惊人的建议：“你去学习数学吧。”这位物理老师认为，吴文俊的物理成绩之所以出色完全是因为在数学方面有很高的天赋，他不希望这种天赋被浪费掉。1936 年，吴文俊被保送到了上海交大的数学系，在大学里，他接触到了更加高端、更加丰富的数学知识，很快就迷上了数学。

肉眼可见的数学天赋让吴文俊这匹千里马受到了众多人的关注，1946 年 8 月，数学家陈省身推荐吴文俊成了数学研究所的助理研究员，而正是在这里，他在一年之内就完成了一项重要的拓扑学研究。之后，由于表现出众，他被推荐前往巴黎留学。

回国之后，他开始对拓扑学进行深入研究，并在之后的20多年时间里完善了拓扑学的内容，在拓扑学中引入了“吴示性类”和“吴示嵌类”（两种数学概念），并建立了“吴公式”，形成了更加系统的理论。

1976年，他开始研究定理机械化证明，吴文俊认为中国传统数学强调构造性和算法化，非常注意和现实生产实践以及科学实验结合起来，他将这些中国传统的数学思想概括为机械化思想，并且承认它们是中国古代数学体系中的精髓。那个时候，他在计算机工厂劳动，对计算机的运算能力非常吃惊，他意识到计算机将会成为全新的生产工具，并且会介入数学研究当中，他认为计算机科学与传统数学的机械化思想是相通的，而计算机将会让数学机械化的进程加速，并对中国数学的振兴做出巨大贡献。之后他使用计算机来证明几何定理，首次实现了高效的几何定理自动证明。

不仅如此，他非常重视数学机械化的现实应用，不断开拓新的应用领域，尤其是在一些高科技领域，数学机械化带动了科技的发展，而这些开拓性的研究工作都为我国现代数学的发展提供了巨大的助力，并且在国外也引起了极大的反响。

在研究数学机械化问题时，吴文俊对中国数学史有了更多的了解，他还重点研究了中国数学史，他的目的是希望恢复中国数学在国际数学界的地位，并且重新回归国际数学的主流。因此他系统地介绍、整理了相关的代数、几何学以及极限概念知识，最终使得中国数学尤其是中国古代数学在国际数学发展史上占据了重要的位置。

吴文俊是中国现代数学发展史上非常重要的一位数学家，他不仅为中国数学以及整个数学界做出了重大贡献，而且向世界介绍了中国传统数学的成就和魅力，使得中国数学不仅融入到国际大家庭当中，还与西方的数学形成了一定的互补关系。

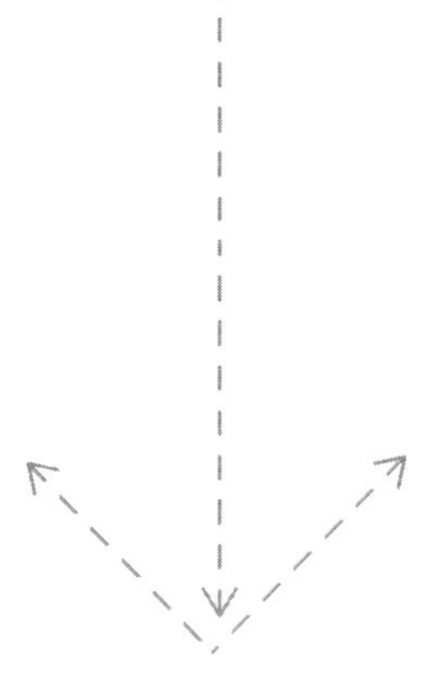

中国拓扑学开拓者江泽涵

江泽涵是中国重要的数学家和教育学家，他是安徽人，从小热爱学习，父亲也一直希望孩子能够走出大山，去外面接触更多的新知识。江泽涵的堂姐夫是著名的学者胡适，1919 年，胡适回乡探亲，于是江泽涵就跟着他前往北方求学，并考入天津南开中学。在学校里，他展示出了过人的学习天赋，仅仅花了三年时间就读完了原本需要六年的中学课程（初中和高中），之后，他顺利进入南开大学数学系，从这一刻开始，他开启了漫长而辉煌的数学生涯。

1927 年，他前往美国哈佛大学留学，并认识了导师莫尔斯，莫尔斯那个时候刚好提出了临界点理论，这一理论深刻揭示了拓扑学在分析学当中的重要作用，而江泽涵很快迷上了这门学科。1930 年，他在获得哈佛大学博士学位之后，前往普林斯顿大学做拓扑学大师莱夫谢茨的助教，重点研究不动点理论。可以说，在国外留学和深造的几年时间里，他有幸认识了最出色的两位拓扑学大师，也接触到了当时世界前沿的数学理论。

1931 年，爱国心切的江泽涵接受了北京大学的邀请，开始为北京大学培养人才，莱夫谢茨认为江泽涵在拓扑学领域有很高的悟性，前途不可限量，因此百般挽留，而江泽涵以一句“祖国需要我”直接踏上了回国的路程。之后他在北京大学和西南联合大学（抗日战争爆发之后，北京大学、清华大学、南开大学组成了西南联合大学）数学系任教。1947 年，江泽涵在陈省身等人的建议下，前往瑞士苏黎世高等工业学院深造，跟着另一位拓扑学大师霍普夫进修了两年。

在与国外拓扑学大师们的接触中，江泽涵掌握了前沿的拓扑学知识，而他自己也动手研究点数拓扑学中的重要课题，在莫尔斯临界点理论、不动点理论、纤维从理论方面都做出了重大贡献。他用复迭空间替代双曲几何来解决不动点理论中的问题，为这一理论的发展提供了很大的助力，他还和国内一批数学家在这一理论上取得了重大的突破，在国际上创立了“中国学派”，而他也因此成了中国拓扑学的开拓者和奠基人。

江泽涵是一位伟大的爱国数学家，他深知中国数学的落后，而想要实现复兴，不能仅仅依靠个人的力量，希望永远都要寄托在下一代年轻人身上，因此他在从事研究工作之余，一直都将数学教育当成重要任务。由于数学的难度比其他科目要大一些，拓扑学更是如此，当时国内很少有这方面的研究，学生们在学习上经常会遇到困难，他总是耐心讲解。很多学生害怕写论文，经常面临很大的压力，江泽涵总是想办法给予必要的引导和帮助，甚至帮助学生查找资料和文献，帮助他们整理成论文。

他是一个非常开明、热情、和蔼的人，坚持有教无类的原则，学生们无论男女，无论是学习拓扑学还是其他学科，他都会一视同仁，只要学生们有什么困难，他就会给予最大的帮助。不仅仅是他自己的学生，很多其他科目和其他系的学生也经常会请他帮忙，而他向来都竭尽所能。也正因如此，无论是在北京大学还是西南联大，他都是当时学校里最受欢迎的老师之一，而他也为新中国培养出了很多优秀的学生。

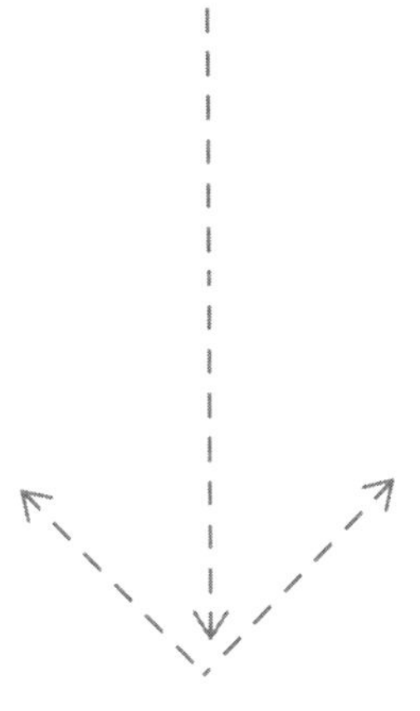

华人数理逻辑学家王浩

中国的计算机技术起步比较晚，但是这并不妨碍中国计算机技术的发展壮大，如今，中国在计算机领域以及人工智能领域都取得了令人羡慕的成就，其中一些领域甚至成了世界的领头羊。而这一切离不开那些科学家的努力，也离不开一大批优秀的数学家的努力，可以说正是因为数学计算与计算机的完美结合，才有效带动了计算机的发展和应用，才推动了人工智能的发展。而在这些数学家当中，不乏一些优秀的华人数学家，比如华人世界中的数理逻辑大师王浩就是其中一位。

1921 年，王浩出生在山东省济南市，从小一直在济南上学，并在高中时迷上了金岳霖编写的《逻辑》一书，他对其中的内容非常感兴趣，所以高中毕业后他考入西南联大数学系，如愿以偿地成了金岳霖的学生。在大学期间，他对于逻辑学有了进一步的了解。1946 年，他前往哈佛大学，跟随著名逻辑学家奎因学习形式公理系统，并获得博士学位。随着奎因离开哈佛大学，王浩接替了他的教学工作，他开设了高等逻辑课，并且用一种非常完备的方法介绍了哥德尔的不完全性定理。

在之后的生活和工作中，王浩一直都在钻研数学和哲学，并在数理逻辑方面取得重大的突破，他先后发表了很多重要的论文和书籍，比如《数理逻辑概论》一书中就收录了他在 1947 年—1959 年写的有关数学基础、形式公理系统、计算机理论、数学定理机械化等论文。在《从数学到哲学》一书中他谈到了自己对数学哲学问题的看法，还有一些有关哥德尔的观点。《数理逻辑通俗讲话》中收录了他在中国科学院所做的关于数理逻辑的通俗演讲。《超越分析哲学——公平对待我们具有的知识》一书则包含了对罗素、维特根斯坦、奎因等人的观点的介绍，并对他们的观点进行了严密的分析和有力的批判，他觉得这些人的哲学根本无法为人类现有的知识尤其是数学知识提供基础，这种批判为他赢得了很高的声誉。

多年的研究使得王浩成了数理逻辑领域的顶尖人才，在推理分析（数理逻辑应用）、数值分析（数理逻辑的依赖关系）、谓词演算及其定理证明上都有突出表现。无论从哪一方面来说，他在数理逻辑方面的成就都是哥德尔以来的第一人。不仅如此，从 1953 年开始，他还专门进行计算机理论与机器证明的研究，将烦琐复杂的数理逻辑与计算机完美结合起来，并使其在计算机领域发挥了最大的效用，他还用自创的王氏算法在一台普通计算机上证明了罗素的“数学原理”，结果只花了不到九分钟，而罗素和怀海特却花了十年时间。得知王浩的成就之后，罗素感慨万千。也正因如此，王浩成了国际上公认的机器定理证明的开拓者之一，1983 年，国际人工智能联合会与美国数学会共同将首届“里程碑奖”授予王浩。

王浩虽然是美国籍数学家，但是一直心系祖国，作为全世界范围内在数理逻辑和人工智能方面获得成就最大的华人数学家，王浩多次访问中国，多年来始终以各种方式帮助中国，将所学的知识传授给更多的中国年轻人，为我国的数理逻辑发展以及人工智能发展做出了巨大的贡献。

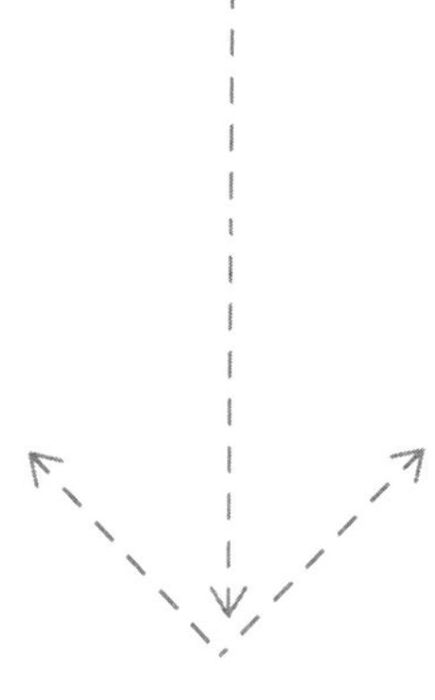

中国群表示论的奠基人段学复

“群”是代数当中的一个重要结构，可以用来构建许多代数系统，如今是数学中最重要的概念之一，几乎渗透到代数学的所有分支当中，甚至在其他学科中也拥有很大的应用空间。1770 年，法国大数学家拉格朗日在讨论对数方程根之间的置换时，率先引入了群的概念，而 1830 年数学家伽罗瓦首先提出了这个名词，之后群在代数中的应用越来越广泛，发展也越来越完善。不过中国在这一方面的研究比较晚，在很长一段时间内，只有少量优秀数学家接触到这一数学知识，更不用说形成自己的群论。而著名数学家段学复在几十年的研究生涯中，总结了大量的经验，也积累了丰富的知识，并且获得了很大的突破，最终成了中国群表示论的奠基人。

1914 年，段学复出生于陕西一个读书人的家庭，父亲曾经中过光绪年间的进士，因此也算得上知识渊博，所以他一直在家接受父亲的汉学教育，之后他又进入北京附中上学，接受了良好的教育，并对数学产生了浓厚的兴趣。1932 年，他顺利考入清华大学数学系，在当时很多有名的数学老师课堂上听课，在代数、几何、分析学领域打下了坚实的基础。在学校里，他认识了华罗庚，两个人经常一起吃饭，一起散步聊天，谈论时局和数学，当时的华罗庚在数学学习方面有比较系统的方法，这些都深深影响了段学复。

抗日战争爆发之后，段学复毅然前往西南联合大学——清华大学任教，并且和华罗庚一同担当起了为学生讲解代数课程的重任。在华罗庚身边，段学复的数学水平不断得到提高，他自己也开始积极研究数学。当时华罗庚主持了一个有限群讨论版，段学复也积极加入其中，并且和华罗庚一同合作研究 P 群的计数定理。

1939 年，段学复成功获得了公费留学加拿大的机会，并在多伦多大学数学系上课，当时他的导师布劳尔正在创建有限群的模表示论，段学复认真听讲和学习，还积极向老师请教，之后很快就取得了 P 群研究的成果。紧接着他考入了普林斯顿大学，接触了更多高深的数学知识，这个时候他的理论知识开始形成了体系，于是就和布劳尔等人一同合作完成了有限群的模表示论、李群、代数群等工作。

在国外留学的六年时间里，段学复不仅开阔了眼界，而且对基础数学各个领域的知识都有所涉猎，这为他的成功奠定了坚实的基础。回国之后，他担任清华大学数学系教授，积极开设了很多数学课程，将自己所学知识全部教授给学生，还推荐一些能力出众的学生出去留学。在段学复的努力下，中国在群论方面取得了很大的成就，也形成了一大批相关的专业人才。段学复在群表示论方面更是形成了自己的体系，他开辟了中国代数学群论的先河，成了中国群表示论的奠基人，并形成了富有特色的研究群体。多年来，他在有限群的模表示理论、代数李群、有限P群、群论与组合数学的应用等领域都有突出贡献，为国家的数学发展和国防事业都做出了巨大贡献。

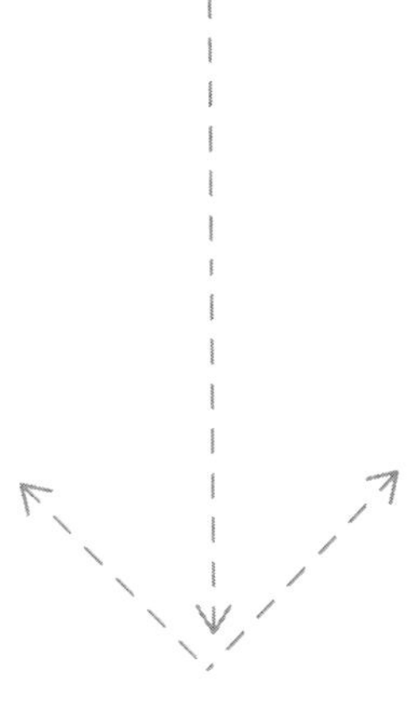

“数学界的莫扎特”陶哲轩

在世界发展史上，出现过许多优秀的人才，这些人通常都有一个共同的特点，那就是拥有超高的智商。比如爱因斯坦的智商据说高达160，达·芬奇的智商大约为180~190，霍金也达到了160。而有一个华人数学家的孩子，在十几岁的时候测出的智商达到了惊人的230。这个人就是澳籍华人数学家陶哲轩，因为超高的智商，他被称为天才中的天才。

由于智商超高，陶哲轩的人生听起来就像是戏剧。他在幼年时期就展示出很惊人的数学天赋，2岁的时候就开始试图教别的孩子如何用数字积木进行计算，他的智力明显超出同龄人一大截。在幼儿园的一年半时间里，他就学完了几乎全部小学课程，7岁时就上了高中，并且开始自学微积分，就像冥冥中注定的一样，他被这种难度很高的数学知识吸引住了。8岁多的时候，他参加了一项数学才能测试，结果成绩是惊人的 760 分，要知道即便是 18 岁的孩子当中，也只有 1% 的人可以达到 750 分，而此前在 8 岁的孩子当中，即便是最优秀的人也从来没有谁得到过 700 分。

9 岁时，父母商量着是不是要送他去上大学，不过听从了专家的建议之后，他们决定让儿子在中学多待三年。接下来，他在 10 岁时获得国际数学奥林匹克竞赛的铜牌，11 岁的时候获得了国际数学奥林匹克竞赛的银牌，12 岁的时候已经获得国际数学奥林匹克竞赛的金牌，他至今仍然是这一竞赛项目中最年轻的纪录保持者。21 岁的时候，他获得了普林斯顿大学博士学位，并且在 24 岁就成了加利福尼亚大学洛杉矶分校有史以来最年轻的正教授。从 2000 年开始，他先后获得了塞勒姆奖、博谢纪念奖等多项国际大奖。2006 年，31 岁的陶哲轩获得了菲尔兹奖，成了丘成桐之后第二位获此殊荣的华人数学家。2014 年，他又获得了被誉为“豪华版诺贝尔奖”的“科学突破奖”，奖金高达 300 万美元。

尽管他是一个高智商的数学家，但他从来不孤僻，也没有不合群，相反，他是一个很容易亲近的人。父母在进行家庭教育的时候，不仅营造了良好的家庭生活氛围，还给他灌输了快乐、谦虚、合作的精神。比如在多年的研究生涯中，他先后发表了 100 多篇论文，但其中有 30 多篇都是与人一同合作完成的，他喜欢倾听别人的想法，并且乐于通过合作的形式来提升自己。

在获得菲尔兹奖之后，他并没有喜形于色，在发给朋友的一封邮件中这样说道：“现在我仍在继续进行我的研究项目，我想要解决的那些难题，并没有因为获奖就魔法般地自动得到解决。”在2019年的9月，他又公布了自己在证明3X+1这一著名猜想时的部分研究成果，很快引起了全世界的关注。尽管没有任何迹象表明他最终会给出证明，但这位被称为“数学界的莫扎特”的天才数学家的一举一动都在牵动着整个数学界的神经。